思考的法則

THE RULES OF THINKING

打造美好習慣的100個練習

理查・譚普勒
RICHARD TEMPLAR

黃開——譯

前言／

「我思故我在。」（I think, therefore I am.）法國哲學家笛卡兒（Descartes）的名言如是說。他藉由這句話指出：正因爲我們有能力質疑自己是否存在，於是可以推知我們是存在的。這樣的思路也許哲學味太重，不過這句話點出一個事實，那就是思考能力與我們生而爲人的根源同在。

由上述可引申得知：只要能夠思考得更清晰、有效、一以貫之，我們便能生活得更好。假使我們的思考過程總是含糊、紊亂、條理不清的，那麼透過培養良好的思考能力，即可努力獲致幸福和成功。人的思考會左右感情，所以打好穩固的思考基礎是非常重要的工作。一旦你擁有了很好的思考能力，它將是你建築美好人生的基石。

本書要講述的並不是思考的技巧和策略，那類書籍早已汗牛充棟，其中固然有些能讓人獲益匪淺，但本書並不談論那些思考技術。本書要談的是你的心智模式，也就是你的思考方式。本書是要協助你了解自己在思考時爲何會那樣想，再活用你的自知之明來改善思考方式。套一句古老的諺語：「教人一個想法，是滿足他的大腦一天。教他如何思考，是滿足他的大腦一輩子。」我畢生都在觀察哪些思考類型能眞正有益社會大衆，並且想要將我的心血傳遞下去。這些思考習慣能讓你擁有第一流的心智，成爲掌握思考之道的思考者。

與思考有關的一切全離不開習慣。人的一生中清醒的時刻都在想東想西，以至於我們不再密切注意自己是如何思考的，即使腦筋轉得馬馬虎虎也缺乏自覺。考駕照時你會戰戰兢兢，每個動作是怎麼學的就怎麼做。等到你累積了幾年駕駛經驗，則是換成兩手橫放在方向盤上開車，用滑動離合器來換檔……早就不去多想一下應該如何駕駛。對於你能應付自如的情況來說，那眞是太棒了——現在的你方向盤操控起來得心應手，當然是好事一件。但是，萬一遇到緊要關頭，你甚至不知道有些重要的技巧早就被你忘得一乾二淨。

無論我們有沒有在小時候養成良好的思考習慣，現今依舊有必要隨時留意自己的思考方式，可藉此學習新技巧、溫故知新，以及戒掉壞習慣。最近有研究者發現，養成一個新習慣需要六十六天以上，超過兩個月的時間。這是一項正當的科學研究，並無特殊的企圖，因此我們沒有理由懷疑其研究成果。*不過，這確實只是平均值，而且它未能考慮到所指的新習慣是否有用或有趣，或者它是每星期還是每小時出現的習慣，以上因素勢必會造成差異。此外，假如你用幾個月的時間好好練習本書的各條思考法則（本書最後有一個單元，能協助你練習這些法則），當然能夠學會思考得更加敏捷。這是有目共睹的。一旦你開始練習，不用花到六十六天等你把書中的法則化爲習慣，你的生活與工作早就大不相同了。

話雖如此，當你養成這些思考習慣之後，它們不盡然都會融入下意識而不著痕跡。隨著你深入閱讀本書，將會明白這是因爲有許多思考法則皆要求你對自己的思考過程保持警覺。關於雜亂無章的思考，大部分癥結在於我們不注意大腦的運作方式。**如果我們想要正確無誤地表達自己的意念，必須更有效地掌握大腦的運作才行。只要你養成習慣，掌握大腦的運作一點都不吃力。**原因之一：就算我們的思考方式很糟糕，一般而言也是需要付出力氣的，如今你只是將同等的精力重新導向。原因之二：成爲擅長思考之道的思考者，並不意味著你不能喊停、不可關機、不准暫時放鬆。你當然可以這麼做——你的大腦就如同你的身體，有時候也需要休息。

養成關注思考的習慣，實際上就是不斷向自己提出問題，然後觀察你所得到的見解如何影響心智發揮作用。例如，你和另一半為了輪到誰洗碗而起爭執，這種事非常容易惹怒對方，洗碗的差事最後落到誰的頭上已經無關緊要。擅長思考之道的思考者，會想知道彼此被激怒的原因，開始自省：「為什麼我們會吵起來？到底發生了什麼事？」與洗碗有關的爭吵，其實很少是關於洗碗的，而是覺得自己洗碗一事被視為理所當然、符合性別角色的預期，或是感到被占便宜。在你想通這一點之前，可能已經把碗洗乾淨了，但問題仍然沒有解決。那麼下一次有碗盤要洗的時候，同樣的問題又會再度爆發。

有些聰明的思考方式能讓你愉快一點、更能自我調適，有些則是可以幫助你更有效率地組織思路，或是做出更好的決定。遵循思考法則，就能提升創意和解決問題的技巧，以及分析、評估和提出睿智批判的能力。有了高明的思考，無論是家庭、工作或人際關係，你生活中的每個層面都會因此帶來正面的影響。

就某方面來說，本書與思考方法完全無關。本書的許多法則都是在告訴你如何清除那些阻礙了良好清晰思考的路障，如何避開自我利益取向、免於先入為主，以及繞過陷阱。只要你做得到，清晰的思考易如反掌。

如果思考的法則剛好有一百條，使用起來將會很便利。所以，本書納入的只是其中一百條重要法則，對於想要大幅改善思考模式而言，它們已經綽綽有餘。當你能夠掌握這些思考法則，屆時你的功力就足以自行看出更多法則。假如你願意的話，請到我的臉書專頁分享你的法則，協助其他人跟你一樣成爲熟練思考之道的思考者。

理查・譚普勒（Richard Templar）

臉書專頁：www.facebook.com/richardtemplar

*這幾點很重要——請參見「法則93：勿輕信統計數字」。

目次／

前言……3

Chapter 1 如何獨立思考？……19

1 避開同溫層……22
2 不要害怕……25
3 思考對方的動機……28
4 小心自利心態……31
5 保持心境平穩……34
6 不可輕信於人……37

Chapter 2

怎樣彈性思考？……41

7 了解自己……44
8 尋求支援……47
9 掌控局勢……50
10 要靈活應變……53
11 自我覺察……56
12 現實就是現實……59
13 切勿過度轉移注意力……62
14 喜歡自己……65
15 準備接招……68
16 把想法丟到外面比較好……71
17 放自己一馬……74

Chapter 3

學習健康思考！……77

18 用思考讓你更快樂……80
19 關注他人……83
20 活在當下……86
21 壓力不是必要的……89
22 正常是不正常的……92
23 評估你的情緒……95
24 自我解嘲……98
25 不斷學習……101
26 沒有人喜歡無能爲力……104
27 有練習才有進步……107
28 關閉腦內的重播……110

29 迴避壞習慣……113
30 善用語意學……116
31 保持固定的標準……119
32 找個好說法……122

Chapter 4 練習井然有序的思考！……125

33 相信有條有理……128
34 學會愛上清單……131
35 腦袋清空才能思考……134
36 勿讓大腦的隨機存取記憶體超載……137
37 與期限爲友……140
38 勿沉溺於決策……143
39 用創意進行條理化……146

Chapter 5 發揮創意思考！⋯⋯⋯⋯ 149

40 訓練大腦⋯⋯⋯⋯ 152
41 培養心智⋯⋯⋯⋯ 155
42 進入創意思考狀態⋯⋯⋯⋯ 158
43 開放心胸⋯⋯⋯⋯ 161
44 沒有法則⋯⋯⋯⋯ 164
45 跳出框架⋯⋯⋯⋯ 167
46 像別人那樣思考⋯⋯⋯⋯ 170
47 建立連結⋯⋯⋯⋯ 173
48 犯錯⋯⋯⋯⋯ 176
49 別管其他人⋯⋯⋯⋯ 179

Chapter 6

如何解決問題？

50 杜絕情緒干擾……183
51 解決眞正的問題……186
52 要抓對問題……189
53 放鬆……192
54 不勉強接受第一個答案……195
55 好像有道理的觀點，都值得想一想……198
56 尋找入口……201
57 不要陷在泥淖中……204
58 嘗試新角度……207
59 不要驚慌失措……210
60 求助……213

Chapter 7

掌握共同思考！……221

61 在一起更好……224
62 發揮每個人的強項……227
63 像蜂巢一樣思考……230
64 拋開自我中心……232
65 留意無聲分子……235
66 檢視集體思考……238
67 有衝突也沒關係……241
68 來一回思考激盪……244
69 想到愚蠢的點子……247
70 保持同步……250

Chapter 8 開始做決策！……253

71 決定你的決定……256
72 不要從第二階開始……259
73 設定限制條件……262
74 先鬆開繩結……265
75 適可而止……268
76 審核你的顧問……271
77 諮詢自己……274
78 不要妄下定論……277
79 認識你的情緒……280
80 平衡邏輯和情緒……283
81 學會妥協……286
82 找出第三選擇……289

Chapter 1

如何獨立思考？

Think For Yourself

如果你想成爲頂尖的思考者，就必須自食其力。換句話說，你必須獨立思考，無法讓任何人代勞。聽起來這似乎是理所當然的事，可是人們卻經常貪圖方便而走捷徑，直接沿襲別人的想法，這種情況出現的頻率高到讓人嚇一跳。

現在，以你要自行研究相對論來說，因爲它涉及多項專業領域，而你缺乏從事相關思考的技能，我可以同意你訴諸科學家、數學家、一流的經濟學家、統計學家和工程師等人來幫你思考。*即便如此，你也不必對他們說的話照單全收，除非你能夠確定他們了解自己所談論的內容，而且沒有一眼就能識破的偏誤。

有時，你需要先經過高階的訓練才能理解思考流程，但這算是例外情形。從現在開始，你必須徹底靠自己思考，也就是爲了自己，並由自己思考。如果你無法獨立思考，就不配自稱爲思考者。

人心就跟長相一樣各有不同，他人的邏輯在你眼中不見得都是順理成章的。我們都是獨立的個體，讓別人爲自己思考不僅是懶惰的表現，對方的思路也未必都能導出正確的結論。因此，爲了能夠從本書後續的思考法則獲益，第一單元的所有法則都是你必備的基礎。

*如果你正好是世界級物理學家，請恕我失敬。

法則1

避開同溫層

多方面廣交朋友，但擇友時是依據對方的身分，而不是考量他們的信仰。

在你年幼無知的時期，除了父母的意見之外，你沒有更好的想法了。如果他們告訴你，把手肘靠在桌子上是不好的，或是每天換洗內衣褲對你有益，你會相信並奉行。爲人子女者，接納父母的價值觀及思想體系是部分天性。隨著年齡增長，你開始發現學校老師自有另一套些微不同的法則，而你的同學在價值觀和各種意見上，也與你有所差異。於是你開始改變早期養成的觀點，並且融合來自同學或朋友的其他見解，他們可能與你的父母有著極爲不同的想法。你還年輕時，或許會相當審愼地思考這些觀點。

當然，和其他思想觀念上大致相同的人相處，是一件輕鬆愉快的事。你一邊形成自己的價值觀，一邊也在尋找其他志同道合的人，這意味著你們有許多共同點，不會一天到晚抬槓。當其他人說出你正在想的事，會讓你感到被認可，覺得自己一定是對的，因而強化自己的看法，覺得你們很合得來。這種感覺很棒，你們願意整天待在一起，互相認可彼此的信念，覺得你們都是正確無誤且受重視。你可以找到想法相同的夥伴，可以結交與你一樣的朋友，可以在其他人的思考方式與你一致的地方工作。

這就是我們所稱的「同溫層」。沒錯，待在這裡的確令人感到舒適且踏實，卻讓你很難做自己。在你的世界，每個人都投同樣的票、支持相同的措施、有相同的信念、偏見和價值觀，同時大家所屬的社交媒體和線上社團都會更加強化這些現象。

接下來，若你想以其他方式思考，會變得日益困難。原因之一是，你幾乎斷絕了以不同角度觀看世界的機會。或者你會換一種角度看世界，只是爲了讓你和朋友們都同意那些人錯到什麼地步。這種作法是自鳴得意。你不願意改變自己的看法，除非你的朋友們全都同意你錯得離譜，而這種感受肯定大爲不妙。

可是……這個世界上有千千萬萬人，其中有好多可愛的人，而他們不會在每件事上都與你意見一致。或許你難得遇見他們，然而他們眞的都想錯了嗎？他們有些人就跟你一樣聰明，而且建立信念的過程也跟你一樣，說不定他們的過程反而更有效，因爲你早已停止獨立思考。你加入了團體式思考，你的觀點是集體的觀點，你覺得一勞永逸，不再自我挑戰。你再也不是獨立的個人，在不知不覺中已經變得人云亦云，有點像是一隻柔順的綿羊。

假如你想成爲掌握思考之道的思考者，必須改弦更張、重整旗鼓，強制自己拓展觀點，以坦誠開放的心胸聆聽其他人的觀念。關於這一點，最佳的作法是多方面廣交朋友，但擇友時是依據對方的身分，而不是考量他們的信仰。你的目標應該是致力於結交各種年齡、出身其他文化、有多樣化背景、屬於不同階層的朋友。與他們相處之下，能讓你採用大異其趣的角度觀看世界。若是你的信念無法與所有人的信念一致，那是因爲他們本來就不盡相同，而你必須獨立思考。

法則 2

不要害怕

假如你能尊重別人的見解，對方更有可能尊重你。

一旦要開始獨立思考，會讓人感到害怕。天知道獨立思考會造成什麼後果？經過一番獨立思考後，你可能會得到若干原則和信念，而它們和你周遭的朋友或許合不來，你發現自己無法獲得多數人的贊同。你所面臨的下場可能是明白自己弄錯了，或是至少沒把事情弄對。成為獨立思考者的障礙之一，是害怕與眾不同。

請你聽好：這是情有可原的，但你可以輕鬆應對。世界上並沒有思想警察，起碼目前還不存在。當你準備好開始思考之前，沒有人必須先知道你在想什麼。你並不需要把全家人聚集在一起，然後宣布說：「我要你們都知道，我覺得你們的生活方式通通錯了，我完全不同意。」獨立思考是一回事，卻不意味著必須分享你的新信念，除非你想這麼做。

如果你已經開始結交出身背景和信念都不一樣的朋友，這一切會變得容易許多，算是你擇友之道的好處之一。只要你踏出同溫層，就會有愈來愈多人接受你的獨立思考。無論跟你在一起的人是否同意你的新觀念，他們都同樣有趣、讓人感到愉悅，而你則是樂在其中。當然，你也必須接受他人和你的差異，請勿覺得備受威脅。你可以傾聽他們的看法，然後自行判斷。

假如你習慣了認同身邊的所有人，那麼想要開口說出你有不同的想法，確實是相當難爲的。因此，等到你準備妥當之後再說，也要知道他們會因此覺得你造成了威脅。你可以自行決定如何應付這種狀況，然而，如果你事先沙盤推演過了，會對自己的決定感到更高興。我想要補充一句：假如你能尊重別人的見解，對方更有可能尊重你。根據我的觀察，能夠尊重他人意見的人，即使未必同意對方的看法，都會比無法接受不同見解的人更受歡迎。這一點並不意外。

獨立思考並不限於思想、價值觀、政治和宗教等議題，從工作職場乃至現實事務上也不例外。假使你是與人共事，第一次想要說出「我認爲還有更好的處理方式」

是很可怕的。請你姑且一試，並且維持對事不對人、尊重、不帶批判的態度，如此一來，你應該能得到正面的回應。

如果你的思慮夠周延，很有可能你是對的，別人會對你表示讚賞。若是他們反過來想要說服你，讓你明白你的想法並沒有那麼好，你也不必認爲他們是以人廢言。你應該繼續保持獨立思考並分析他們的評論，或許他們說得沒錯。那麼，請你下次要多加磨練思考技巧，但是切勿輕言放棄。

想想伽利略或是達爾文吧，每個獨立思考者都需要一點勇氣才行。然而，只需要你的同事們給你一句：「眞是個好主意！」就足以使你感到大受鼓舞，下一次仍會大聲說出自己的想法。

法則 3

思考對方的動機

即使弄清楚別人的動機，也不能因此否定對方的想法。

無論是想賣車給你、在工作上說服你採納他們的企畫、慫恿你參加他們舉辦的派對，或是強調塑膠袋對環境有害，有些人的說服能力就是比較強。請你務必小心，避免陷入別人的思路中，無腦而盲目地任人帶風向。

以車子來說，你可能根本就用不著。另一方面，塑膠袋確實對環境不利。那麼，當有人想要你接受他們的信念或是聽從其建議時，你不能憑片面之詞來判斷他們的想法是好是壞。你必須了解他們為何想要說服你。

設法了解對方想要你相信什麼以及背後的原因，永遠都是很好的作法。他們鼓動如簧之舌，有時目的是要你去做某件事，像是購物、入會、表示同意、參加活動或是連署。但是，有時他們只不過是在傳遞某個想法，希望你也會認同。或許他們是想說服你，議會興建新停車場是好事一樁。畢竟，獲得別人認同的那種彼此一體的感覺很不賴。除此之外，他們可能就別無所求了。

一旦你對於他們的目的已經了然於胸，就很容易判斷那是否也是你想要的。你的朋友對你說派對有多棒，是因爲希望你會去，而他們只是猜想派對會很棒。你同意嗎？你想參加嗎？如果你願意參加，是因爲你認爲派對會很棒，或是因爲你想挺朋友一次？只要你知道朋友的爲人，即可輕易地熟知朋友所採用的說服方法。

至於車子，暫且不論汽車業務員對你滔滔不絕的背後動機爲何，它當然有可能非常適合你使用。固然他們能從你買車這件事獲利，但你不可以因此否定他們的行爲（若是以這個原因拒絕買車，那麼從今以後沒有人會向車商買車了）。即使你弄清楚別人的動機，也不能無視對方的想法。釐清動機的目的，在於給自己適度的警覺，知道何時應該重複查證他們言之鑿鑿的說法，以及確定他們的主張是否眞的重要。

汽車業務員一說到眼前的車子能跑多快，或是後座坐起來有多舒服時，總是充滿動人的熱情，但你可不要聽得渾然忘我了。對你而言，那些特色很重要嗎？你的同事可能會想說服你，某個展覽正是接觸所有小型電機企業的管道。然而，他們在你的客戶中占有多大的比例？你的同事如此熱中想接觸他們，原因究竟何在？唯有辨識出別人背後的動機，你才能夠了解他提供給你的種種資料具有多大的重要性。

法則4

小心自利心態

我們的自尊是導致思考扭曲的最大原因。

暫時先把別人的動機放在一邊，反問你自己的動機是什麼？你採用某個思考方式時，是想要獲得什麼？你的思考方式很容易迎合你的自利心態，但你卻毫無自覺。你的思路可能讓這些決定爲你帶來更多財富、獲得更高的地位，或是住到更優質的地區。這是我經常在政治人物身上注意到的影響因素，他們擅長的思考方式，總是那些可能讓自己連任的。大部分的政治人物都很難做出會讓選民不開心的決策。

我們都遇過這樣的素食者：他們先是基於道德觀念而停止吃肉類食品，可是當他們發現自己非常想念肉食時，就會設法以某種理由修改原先的想法。別誤會，我不是要攻擊那些道德觀，我自己就是其中一分子。我的看法是，不一定要回歸素食主義，但要對自己爲什麼不恢復素食，表現得比較誠實一點。

然而，自利取向的思考方式，未必都像前面的例子這麼實際可見。

我最近跟某人聊過，他去應徵某個非常渴望的職位卻落空了。他要求對方告知意見，一開始他也覺得能夠理解。可是經過一番沉澱之後，他的想法慢慢轉向了。他認爲對方回覆的意見並不公平，面試官錯在未能看見他的長處。

事實上，你我都很清楚，尋找公司想要的特質並非面試官的職責，而是應徵者必須負責展現那些特質。但是，這位仁兄卻將自己的落選歸咎於面試官失職，因爲這麼想能夠撫慰他的自我。所以，他採用的思考方式是要讓自己相信：「我才是最優秀的應徵者。」當然，這種想法的問題在於他無法學到有利於下次應徵的教訓，結果大概也不可能如願吧。

你必須對自己誠實，而你不見得喜歡這麼做。假如要求落選的應徵者誠實思考，那麼他必須接受的是自己並不適合該職位，或是雖然自己適合卻沒有成功表現出來。

我們的自尊是導致思考扭曲的最大原因，另一大原因是嫉妒，而它也與自尊有關。看到同事負責利潤豐厚的客戶，很容易讓你以爲那是由於老闆偏心，而不是因爲實際上同事可能比你更善於應付這個客戶。而且，如果你持續這麼想，下一個大客戶也不會落到你的頭上。因爲你的思路蒙蔽了你，以至於你無法看出自己必須改善之處。

假如你總是想討人喜歡，這種心態會在極大程度上掩蓋你的思考。大多數人都會想討好別人，至少想討好某些人。若是你認爲老闆喜歡別人贊同其想法，或是認爲如果你能和朋友們有相同的觀點，在朋友圈會更如魚得水，這就構成了動機，讓你在未通盤考量之前便已鎖定了結論，然後反過來左右你的思考過程以配合它。與人保持良好關係（起碼在內心如此）是很了不起的態度，但是說到成爲獨立的思考者，那就不是很恰當了。

法則5

保持心境平穩

如果你能看穿對方的手法，就能更輕易抗拒。

假如你有心想要抗拒他人對你的操縱、想要獨立思考，那麼對於他們用來影響你的手法提高警覺，會有很大的助益。如果你能看穿對方的手法，就能更輕易抗拒。下一次遇到有人想說服、開導、勸誘你接受他們的觀點，請想一想他們所採用的策略。一般而言，他們是依賴情感而非邏輯。身爲頭腦清晰的思考者，你的工作是抵抗。

想引導他人接受某個觀點，同理心是一個很不錯的起點。讓一個人相信彼此有相同的感受，就能輕易地讓人以爲彼此是以相同的方式思考。所以，說服高手會設法說服你，讓你以爲彼此的出發點是一樣的。他們會大舉強調雙方的處境和價值觀有多少相似之處。他們會說，他們了解養兒育女的心情，或是談起辦公室的工作、勉強應付房租、買衣服的樂趣，或是養貓心得。雙方的共同經驗能讓你們處於相同的立場，於是現在他們彷彿是拉著你的手，一步一步邁向他們選好的結論。

你只需要聽他們訴說就行了，但是不可盲目地任由他們牽著你的鼻子走。你必須質疑路線與目的地，並且確認那真的是你想去的地方。

假使他們能夠激起你的情緒，他們就會這麼做，其中一個原因在於情感是強大的力量。因此，他們希望你會對於他們所反對的不公不義感到憤怒不平，對於想賣給你的服飾感到興奮不已，或是對你的預算超支深感焦慮。另一個原因是，一旦你開始變得情緒化，就會愈來愈難以理性地思考。因此，當他們把你的情緒撩動得愈高，你對於這些話的理性反應能力就被鎖得愈緊。你必須努力抗拒情緒化的反應，你的思考才能保持理性而審慎，同時能更準確地判斷對方的論點是否有效。

人們喜歡採用的另一個手法，是使用帶有特定傾向的字詞。這個手法被運用得更隱晦且細膩，往往是在潛移默化中發揮影響。我們都會這麼做——沒錯，你也會。能在自己身上看出這種手法，是有自知之明的人。世界上絕大多數的人事物都有好幾種表達方式，你所選用的形容詞具有極大的力量。假設你在兩份報紙上讀到對於同一名政治人物的描述，如果這兩份報紙屬於政治光譜上對立的兩端，它們的遣詞用字往往會大不相同。其中一份可能會說他英勇無比，而另一份則是說他有勇無謀。兩份報紙都是在報導同一件事，卻給人天壤之別的印象。這名政治人物是立場堅定或冥頑不靈？是能夠接地氣或是空心草包？這些遣詞用字累積起來將足以建立讓人信服的意象，並迎合當事人（或報紙）的目的。

我一向很有興趣觀察媒體，看他們如何決定將誰描述爲恐怖分子、誰是叛亂分子、誰是自由鬥士，而誰是反對勢力。這些詞彙之間的差異，往往只在於使用者想要你產生怎樣的反應。所以，請注意對方如何遣詞用字，然後用你自己視爲中性的字詞替換掉。如此一來，你便能夠思考得更清楚。

請牢記在心：當你想要說服別人時，你自己也會有意無意地運用相同的技巧。因此，任何想要將你導向到跟他們有相同想法的人，不見得都是故意在操縱或是欺騙你。無論你是否同意對方的觀點，他們都有資格堅持其觀點，而且有權表達出來。至於你，則是有權抗拒或順服，只要你是經過獨立而完整地理性思考即可。

法則6

不可輕信於人

請勿因為書是我寫的，就對內容照單全收。

假如你相信我到目前爲止所說的一切，只因爲它們都是印出來的白紙黑字，那麼請你三思。是的，我相信我說的全部內容，可是你應該自行獨立思考過才行。你怎麼知道能夠信任我？我們素昧平生，你不認識我，甚至不知道我的長相。我是出版了這本書沒錯，但是這並不表示我無所不知。

看吧，從不信任別人會讓你活不下去，但是過於輕信也無濟於事。爲了避免過猶不及，最保險的作法是獨立思考。因此，感謝你購買（或借閱）本書，敬請自由自在地讀下去。當你邊讀邊思考，我希望你會覺得本書言之有物，並沒有浪費你的時間或金錢。可是，請勿因爲書是我寫的，就對內容照單全收。

人們可能會想促使你跟他們有相同的想法而非有主見，我已經談到如何辨識他們所採用的方式。不過，總是有人能夠想出新穎而聰明的策略，或者有人對你瞭如指掌，不費吹灰之力就能掌握你的弱點。問題在於，如果你在決策時能獨立思考，就不必在乎信任或誤信他人。這是無傷大雅的，因為你並沒有落入他人的手掌心，而是能夠自立自強。在某些情況下，「信任」確實是重要的議題。然而，當我們走到了說服的環節，獨立思考是能讓你避免身陷其中的王牌。

避免輕信於人的方法之一，是永遠要給自己思考的時間，因為思考是你的對應之道。你有你的節奏，千萬不可以讓別人強迫你超速下決定。倘若你有時間思考，他們會擔心你改變心意，在他們身上常見的徵兆是高度的壓力。那些「今日限定」的報價你很清楚吧——請在此處簽上大名，就能享有高額折扣或是免費贈品。我從不相信這種優惠方案，也不認為如果我明天再回頭，他們所宣稱的那個優惠就一去不復返了。這是我絕對不可動搖的原則。

除非我詳細思考過了，否則我也從不相信降價出清這一套。假如我非要這件物品不可，而它的價錢很好，我會視為紅利。如果我不是真的想要它，即使只是花點零錢就能入手，我也覺得是浪費。

喔，還有一件事應該思考……那就是慈善事業。雖然他們大體上都是有其存在價值的機關團體，但只要有人想從你的口袋掏錢，請務必善用本書教你的所有技巧。在他們的金庫裡也會有犯罪行爲，無論是顯而易見或是毫不起眼的。

如今我深信捐錢給慈善機構的價值，可是我們每一年能夠負擔得起的額度就是那麼多。所以，請想清楚有哪些慈善機構是你眞的想支持的——野生動物、退伍軍人、老人、兒童，還是環保？不論是定期或是偶爾一次的捐款，請想清楚之後再把那筆錢捐出去。不必因爲有人拿著鐵罐子在你面前搖晃，讓你有罪惡感，你就把自己困在捐錢給這些慈善機構的情境中。如果對方要你捐的錢超過幾個銅板，你儘管大步走開，想一想你是否願意支持他們。你隨時都能上網捐款或是明天再回來。假如你覺得這樣很難堪，沒關係，至少你是在思考。

Chapter 2 怎樣彈性思考？

Resilient Thinking

健康的思考有一個不可或缺的基礎是「彈性」。有些人一開始就能夠比較有彈性地思考，但好消息是我們都能在開始思考時具有某種程度的彈性。更好的消息是，透過心智訓練以正確的方式思考，你就能教會自己思考得更有彈性。

讓我們先確定「彈性」究竟是什麼意思。你的思考愈有彈性，遇到不良的、負面的、痛苦悲傷的事件時，反彈回來的速度就會愈快也愈順利。大多數人在錯過公車班次的情況下，都能夠接受事實。然而，若是遭遇喪親之痛、虐待、裁員或罹患重症，並不是人人都能復原良好。他們辦不到，可是有些人確實比其他人應付得更好。這些人做了什麼，才能讓自己接受人生中的種種不幸？

彈性好的人，對於自己以及控制人生的能力，具有層次較高的信念。這一點讓他們有自信能度過人生的艱難時期。

以我的經驗來說，遭遇災難時能應付得最好的人，通常也是錯過公車時最能恢復平靜的。這個心得非常有用，因爲這代表你每次錯過公車、得了重感冒或是買不起喜歡的新款衣服時，都能趁機練習彈性。一旦你相信自己有能力應付小事，那麼發生重大事故時，你會更容易相信自己的能力足以承擔。以下我們就來談談幾種思考法則，它們能讓你成爲思考更有彈性的人。

法則7 了解自己

如果你把它個人化，根本是給你的自信增添無謂的重擔。

我的一位朋友被診斷出罹患非常嚴重的病症，當然大家都會不斷問候她的現況、醫療進展如何、她有什麼做得到或無能爲力的事，以及大家能如何協助她。這些行爲讓她感到很沮喪，最後終於寄給所有人一封電子郵件。她在信中說，她很感激大家的關心和提議，但是她並不想談，謝謝。她向我解釋說，她並不是在意談論自己的病況，而是覺得自己開始被這個病症界定了。

我這位特別的朋友具有驚人的彈性，她的本能讓她知道：爲了跟病症周旋，她不得不把病症與自己區分開來。她必須用生病前的同一個自己繼續過日子，對她而言，這表示應該阻止他人跟她談論這場病。如果她的朋友只是爲了探病而來看她，她會閉門謝客。更重要的原因是，她不願意跟對方用相同的方式看自己。她在生活中具有多種角色——上班族、母親、伴侶、朋友——這些都是她喜歡的身分，也是她爲自己創造的。這是她希望朋友想到她時所看見的身分。她在周遭明確劃清各種界線，藉此將自己的身分和患病的那個區隔開來。

應付壓力、賦予自己克服艱難的能力，這是彈性思考的核心特色。許多人搞不清楚自己和問題之間的界線，一旦你明白這只會讓人更難以應付問題時，就能專心一志用不同的方式思考自己的處境。你未必需要採用我朋友的策略，要求別人閉口不提。但是，對某些人來說，這是個有用的技巧。有位朋友的丈夫過世了，她拒絕被稱爲「寡婦」，因爲那是用來描述她的狀況，不是她本人。

面對重大疾病或喪親之痛時，這一點非常重要。當你的自尊遭受重大打擊，例如被裁員或是與情人分手，以致你忍不住把自己看成某方面被否定的人，這一點尤其息息相關。假使你將這些事故視爲直接針對自己的全面批判，就會開始質疑自己的全部身分，你生而爲人的價值更是難逃池魚之殃。裁員這回事和你身爲員工的價值，可能毫無關聯，如果你把它個人化，根本是給你的自信增添無謂的重擔。你不必覺得自己是個失敗者、不必給自己增加壓力，你必須做的是再找一份新工作。

感情破裂或是應徵工作失敗，無法反映出你的完整自我。請想想你的自我與此無關的其他所有面向，例如你的其他生活、朋友、價值、技能、長處。與伴侶分手，不代表你是失敗者，分手只是表示你們的關係無法維持而已。沒錯，我知道有時候事情很難如此被看待。但是，你必須不斷提醒自己：你還是原來的你，這件事只不過是你人生的一個面向。無論感情對你來說有多麼重要，它並非眞正的你。這種思考方式是將自己與問題劃分開來，便能大幅降低應對上的困難。

法則8 尋求支援

你有能力自己做決定，經營自己的人生。感恩。

我們之中那些具有思考彈性的人，可能被良好的支援網絡團團包圍住了。這個網絡不一定包含專業的協助，但是一定有眞心願意協助你克服困難的朋友或家人。光有這些還不夠，他們必須相當有用才行。即使他們想要幫忙，卻總是說錯話，眞是難爲他們了。天下太平時，這類朋友多寡不拘，但遇到逆境時，你必須在心裡悄悄分清楚，好讓你的生活可以更輕鬆一點。請想好哪些是你想保留在身邊的，哪些不是。

還有，請想清楚你需要哪種協助。你不見得必須對朋友的支援來者不拒。假如於事無補，就會是不切實際的幫助，你不必接受。你該做的事已經夠多了，不必因爲對方出於好意，你就硬著頭皮接受負面的干預。不過，你不需要當面告訴他們：「我不用你幫倒忙。」在狀況好轉之前，你可以一概委婉地謝絕見面邀約。或者，一開始就不要讓他們知道你的遭遇——這是我用過許多次的策略，這一招在某些問題上做起來很難，但是在其他問題上則會容易許多。假使讓某些人知道你沒應徵上某個工作，只會讓你的心情更糟，那麼事先就不要把你去應徵的事告訴他們。

當你遇到不如意時，哪些人是你比較想避而不見的？凡是消極的、沉溺於霉運和憂鬱的、不斷抨擊所有事物，讓你的問題雪上加霜的（雖然問題可能不會更糟糕），你最好一律避開這些人，你需要的是積極開朗的人陪在身邊。

有人會說你的感受是不對的，明明這麼說並不怎麼積極，他們還是樂此不疲。「沒事！別擔心！」這一套你很清楚吧。你需要的是同理心，不是否定。假如有人這麼做，請勿感到難過。

聽好，如果對方的反應讓你的心情更糟，他們就不是好的支援。請在心裡做個備忘錄，君子不二過。若是他們未能讓你的心情好轉，問題在於他們，不在你。

你也應該避開想替你解決問題的人，不論他們的方法是提供對策、代替你決定，或是自行採取行動。這並沒有幫助，也無法增進你的彈性。他們向你傳遞的潛在訊息是：你無法獨立行動或思考。這不是眞的，而且你想要擺脫的正是這樣的信念。你珍惜他們的協助，但是你有能力自己做決定，經營自己的人生。感恩。

等你想好了需要什麼支援，以及誰能提供，在遇上麻煩時就更容易聚集眞正能支援你的人。而且，請把你的需求告訴他們。你需要有人幫忙照顧小孩，讓你沒有壓力嗎？只是單純需要聽衆嗎？需要有人幫忙應付艱巨的文書工作？需要有人幫你先做好餐點並放到冰箱裡？你曾經身爲支援別人的朋友，你的經驗讓你明白一件事：眞心想提供協助的人，想知道的不過就是做這些事的最好方法。

法則9

掌控局勢

相信自己能掌控命運的人，通常過得比較快樂。

說到如何詮釋發生在生活中的事件，一般人可約略分為兩派：一派是相信萬般天注定，半點不由人；另一派則是相信你有自由意志，能夠控制人生。科學至今無法證實哪一派才對，可以確定的是：相信自己能掌控命運的人，通常過得比較快樂。

相信自己能掌控命運，這一點對於彈性思考也是舉足輕重的。姑且不論其他動機，它足以激勵你尋求新的因應對策，或者至少找出新的觀點，思考你的人生問題，即使你面臨的人生際遇讓人束手無策。雖然人死不能復生，可是假使你深信自己的思考和決定將會影響你處理這個事件的方式，就更有可能找出療癒之道。

有些罹患重大疾病的人，會嚴格遵守專業的飲食控制。或許你認為它看起來像是江湖郎中開出來的飲食控制，根本無法發揮任何效果（你基於禮貌而沒有說破）。你可能說對了，也可能沒有，但這無關緊要。重要的是，這些人斷然採取如此強硬的控制手段，因此改善了自己的彈性。就這個方面而言，至少足以確定他們的飲食控制是有益的。

控制之外的替代作法是什麼？這麼說吧，假如你覺得人生中的一切全都是命中注定的，你完全無法過問，那麼當人生遭遇坎坷時，你會把自己想成受害者。而且，受害者的心情會剝奪你的能力，留下徬徨無助的你。它對於你的自信心以及谷底反彈的能力，一點幫助也沒有。

人生遇到低潮的時候，你應該採取補救行動。若是你無法直接左右各種事件，就控制好你對於那些事件的反應吧。請你用不同的觀點思考、選擇求助的對象和求助方式、練習正念專注、做瑜伽或是散步。請你花一點時間去做。以上這些你做什麼都好，眞正有幫助的是你能自覺地掌控人生。

如果採取某些實際行動能對你有所幫助，當然再好不過了。僅僅是你能控制自己，你的彈性便能因而改善。所以，請開始找新工作、投訴、尋求專業意見、改變飲食，或是去做你認爲有益的任何活動。你的行動以及採取該行動這兩件事，對你都有好處，因此稱得上是雙重紅利。如果你認爲將臥室粉刷成藍色能讓你感到平靜，那就去刷吧。

我認識某個人，他的工作讓他苦不堪言，恨之入骨。他在還沒有落得更悲慘之前，就辭職不幹了。他無法立刻找到新工作，便決定與其自怨自艾，不如利用這段期間開始寫作，那是他始終對自己承諾要做的事。他沒有去找另一份工作，因爲他的作家之路已欣然展開了。

法則10

要靈活應變

材料的彈性，是指它彈回原狀的能力，也就是靈活性、伸縮性。

爲何工程師會使用鋼而不是鐵，用來當作建築物的骨架？畢竟鐵是非常堅硬的。但是，鋼具有一項重要的優點：它的彈性。它能彎曲，因此不會折斷。強風來襲時，住在高樓頂端而隨風搖擺，確實會讓人感到焦慮不安。可是，正是因爲它能擺動，才沒有被摧折。看到了吧，鋼是如此具有彈性。

以科學術語來說，材料的彈性是指它彈回原狀的能力，也就是靈活性、伸縮性。人也是一樣的，我們需要具有某種程度的彈性，在遭遇逆境或狂風時，才能幫助我們反彈回來。

當你的人生彷彿面臨暴風雨狂襲時，你必須有所退讓。或許你認為堅定不移、寸土必爭才是上上之策，但如果行不通，你的復原能力將會受創。假設你下定決心要購買某間特定的房子，多年來你存夠了保證金，而且遇到夢寐以求的房子。對方接受你出的價錢，你開始在腦海中規畫著每個房間的用途為何、家具該如何擺設、打算怎樣裝潢。然後，晴天霹靂！這筆買賣告吹了。也許是某個環節出錯、你的賣家退出，或是你被毀約。

你如何應付這場災難所造成的後果，取決於你的彈性有多好。幾乎所有人對此都會感到緊張和焦慮，然而你需要多長的時間才能從緊張和焦慮中回神？相較於你有足夠靈活的應變能力，看得見其他選項，若是你除了那一間房子，再也想像不出其他的選擇，你的壓力會更大，也需要更長的時間才會復原。

不論是哪一種情況，最後的結局都是落在你的夢想家居之外的某個地方。唯一的差別是，你如何適應這個事實。你的思考能力愈有彈性，就能愈早重新出發去找房、看房，為新房子感到興奮。而且，最後你也能更快在優美的新家安頓下來。

有些較小的問題只是讓人沮喪，而不至於如同世界末日，你可以經常藉此練習這項技巧。你用心規畫要跟朋友來一頓甜蜜的晚餐，卻直到最後一刻才知道你們要去的餐廳本日公休。你會感到生氣？還是會想「嘿，重要的是跟誰在一起。我們到別家吃，或者待在家裡，要不然去看場電影」？

下一回你遇到想買的東西已經售完、沒趕上火車，或是才剛抵達度假地卻突然感冒，請更靈活地思考，同時準備好自我調適。你損失了什麼？如果你能稍微改寫劇本，對這個小小的不順遂處之泰然，那麼到了人生的宏大劇情展開的時刻，你將會更有能力做相同的事。

法則11

自我覺察

你愈了解自己的心靈，你的自我準備愈周全。

無論你正在經歷多糟糕的事，永遠都能從中獲得教訓。如果你學不到任何東西，又怎能改變事態呢？它們這一次發生是壞事，下一次發生仍是壞事。

我和某位剛剛喪夫的人聊過，她在十五歲時就喪母，一生充滿艱苦。她說，她應付得非常不理想，有很長一段期間都一蹶不振。因此，這一回她不願意重蹈覆轍。這就是彈性。

你的人生曾經有過很不順遂的事，請回味一下自己當初是如何應付的。當新的傷害迎面而來時，想一想你能怎麼辦。如果你的處事態度一成不變，得到的結果也會如出一轍。所以，請不要再犯同樣的錯誤，嘗試新的作法。回顧過去的經驗，看看有哪些作法有效、哪些則行不通，而現在的你能做出什麼改變。

上一次你是否壓抑自己，選擇獨自面對？假如那是失敗的作法，那麼這一回我要向你推薦一個新方法：找人談一談並尋求支援。你是否將自己埋入工作中？這麼做有用嗎？如果沒用，重複這麼做就毫無意義了。

這不僅與你的應付機制有關，也是很實際的議題。假使你的人際關係正在崩壞，你能從過去的經驗學到什麼？你應該多說一點？還是應該少說？以後不要再每天工作到很晚？如果你最大的子女正邁入青春期，你們總是衝突不斷，說不定你應該採用不同的處事策略來對待下一個孩子？要是你做不到的話，極有可能再度碰上相同的問題。

有位朋友的孩子看電視時不是坐在椅子上，而是趴在地板上，每次她都會爲此破口大罵。有一天，她的兒子問她爲什麼不可以，這個問題讓她語塞。她想了片刻，才明白自己找不出理由，她只是在複製父母對她做的事。她笑了起來，告訴兒子，他說得沒錯，以後他可以待在地板上看電視。這不過是小事一樁，卻大幅改善了他們的關係。

我二十幾歲時，有個六十多歲的朋友對我說：「你不會因為年齡增長而停止犯錯，但你會發現自己在犯新的錯。」他說，他一而再、再而三地注意到自己這麼想：「啊！我以前就試過這麼做，它根本沒有用。所以這一次我要試試別的辦法。」有時候新辦法會起作用，就算沒有，至少好玩。讓人洩氣的是，有多少我認識的人從不會隨著年齡增長而這麼想過。他們一再重複犯著相同的毛病，卻奇怪為什麼事情永遠無法改善。

了解自己。了解自己的弱點、了解什麼對自己有用、了解哪些事是你能輕鬆應付或應付不了的、了解有哪些負面情緒可能是你容易犯的——憤怒、憂鬱、自憐、衝動？你愈了解自己的心靈，你的自我準備愈周全，能夠面對生活的難題，而且能迅速回復。

法則 12

現實就是現實

接受現實並不是要你認命放棄。

我承認，當我罹患重感冒或是感染討厭的病毒時，會忍不住要埋怨幾句。*消極？顯然是。我不想表現得很正面，對吧？我這樣會惹怒別人，別人也跟我提過。我眞的必須學會不要這樣下去，但不是因爲這會惹怒別人，而是因爲這只會讓我的心情更糟。每一次我嘮叨起來，總是在提醒自己此刻的心情有多悲慘。我聽到自己說著：「我現在好慘啊！」或是「你問我怎樣？我眞的很慘！」果不其然，我覺得好悲慘！眞教人驚訝啊！

我的岳母是超級堅忍派，作風完全相反。有人問起她感冒有沒有好一點，我聽見她這麼回答：「什麼感冒？」她會堅稱自己沒事。她應付感冒的能力比我強太多了，這一點讓人感到神奇，也是我必須改變積習的原因。

她會完全無視感冒，或者當有人問起時會說自己很好。這是她聽見的自己所說的話，所以也是她所感受到的情況。彈性就是靠這種接受現實的態度建立起來的。我承認感冒是我的失敗，遇到感冒時我的岳母的彈性比我強太多了。

當你面對的挑戰比普通感冒更艱巨，接受現實的態度益顯其重要性。不過，接受現實並不是要你認命放棄。

我不是說我的岳母從沒買過衛生紙擤鼻涕，或是沒有自己弄熱蜂蜜檸檬茶來喝。她也會設法幫助自己復原。然而，要是檸檬用完了，她只會不悅一下子。因爲她會告訴自己，反正也不是非要它不可。重點在於：她接受自己感冒的事實。她做自己能做的，盡完人事之後就隨它去了。牢騷、呻吟、吵鬧、咒罵，這些都於事無補。感冒就在那裡，待夠了它就會離開，她能跟感冒和平共處。

除非你看出挑戰在哪裡，否則無法應付挑戰。假如你的心態是想要改變無法避免的事、對抗天下無敵的對手，你只會坐困愁城。要是遇到感冒的話，你會換來不舒服；如果遇到更嚴重的事故，則會落得痛苦不堪。

若說你應該趁有能力時力求改變什麼，這當然沒錯。但是，有很多糟糕的事是無法改變的。它是該來的總會來，或者早已成爲過去。在這種情況下，你或早或晚都必須接受現實，然後前往第二階段。有一點是你能控制的：你打算多快動身啓程。我經常用《魯拜集》（*Rubaiyat of Omar Khayyam*）的詩句自我警惕，以下是費茲傑羅（FitzGerald）的譯文：

運指寫來，文句已成，更向別處續寫：
虔誠矣巧慧矣，何曾喚它半行刪卻，
任君千頃有淚兮，一字不能易。

我猜你會認爲這首詩裡瀰漫著感傷，我卻總是能從中感受到深刻的安慰，因爲我確定這才是原詩的主旨。既然無謂的抗爭是白費力氣之舉，何妨隨著書寫的手指向前行進。

*別人說我只是輕微流鼻涕，我才不以為然。

喝。我這麼做只是想拖延一下，不急著坐到桌子前面。然而，我有充分自覺，能看出自己的目的。我只會花個五分鐘，而且這麼做也能提高身體的水分含量。短暫沉醉在這類逃避現實的活動，是無可厚非的。但當你花上大半天在做這些事，假裝你的人生風平浪靜，那才是問題。

你需要時間，用來反省和理解自己的處境，用來思考該怎麼做才能掌控你的人生，以及設法接受那些你無法改變的現實。你必須學會在獨自面對自己的心思時，不會感到害怕。我不是在命令你，只是希望你能夠盡快復原，而這是你唯一的途徑，雖然這條路一開始看起來會讓人很氣餒。

法則14

喜歡自己

你真正的價值是無法丈量的，完全取決於你看待自己的態度。

彈性與自尊之間具有強烈關聯。遭遇逆境時，喜歡自己的人比不喜歡自己的人，能應付得更好。所以，凡是現在能夠幫你建立自尊的事，將來當麻煩事從天而降時，便能讓你更有彈性。

自尊是指：身而爲人，你相信自己具有多大的價值。自尊與自信並不相同。自信是關於你覺得自己擁有多少技巧和能力。自尊則是屬於宏大層次的，在乎的是你是否相信自己具有內在價值。

假如你的自尊感太低，你只會注意到身上那些自認爲負面的特質：「我是個爛朋友」、「我老是搞砸事情」、「我愚笨、無聊又沒用……」。如果你告訴自己：「我總是自私自利。」這個跡象清楚表示你的自尊感很低。假如你對自己的這類意見都是小時候人家告訴你的，你的低自尊認知會更加根深柢固。

聽好，我沒有辦法只靠幾頁文字就能提升你的自尊。眞希望我辦得到。然而，你將會注意到，它之所以稱爲「自」尊，是有原因的。你眞正的價值是無法丈量的，完全取決於你看待自己的態度。

在此處我們所說的是光譜。你的自尊可能會往較高的那一端提升，這樣很好（但也不要升太高了，否則會遇到自戀之類的困擾）。在合理的情況下，任何自尊上的改善，都會同時增加彈性。假使你的自尊感很低，請相信我：那沒有反映出你身爲人類的眞正價值，也請你設法讓自己的覺知能夠更準確地迎合眞相。

所以，請改變思考方式，停止與其他人比較，或是在心裡建立某種你「應該」表現的形象，並拿來跟現實的自己對照。你「應該」做的是自己。請不要專注於你無法達到的標準，應該注視積極面。請你至少花一天的時間，刻意記住你的一切正面表現，大事或小事都沒關係。例如，所有你很親切的時刻、你完成的全部目標，不要讓負面想法流入你的腦袋。因此，倘若你步行了四英里，就告訴自己：「我步行了四英里！」完全不要去想還有多少英里沒有走，四英里也很好。

不用管別人會做什麼並為此責怪自己不會做。如果那是很重要的事，請你想辦法學會（以你自己的速度，不是任何人的）。如果不是重要的事，又何必管他們會做什麼？我敢打賭他們的廚藝沒有你好、不會踢足球、不會收納東西、不會補輪胎破洞，或是不會安慰哭泣的小孩。這類事情不勝枚舉。假如把每一件我們會做的事，都拿去跟做得超棒的人比較，每個人都會落得自我價值感低下，這是很糟糕的。每個人都是有長處也有短處的綜合體，沒有人是全才。

最後一點：請讓聚在你身邊的人，都是能幫你強化正面思想的，避免那些總是會說你不夠好的傢伙。他們的意見未必是真的，倒是可以確定是毫無益處的。

法則15

準備接招

你必須經常磨練這些技巧，才能夠立即上手。

在你遭遇困境時，有許多應付機制能對你有幫助。無論你撞上了什麼，這些機制都能幫助你更容易反彈回來。換言之，它們使你更有彈性，這是我們的目標。

如果你發現父親得了絕症、你再度流產、另一半把你的積蓄輸光了、你沒有得到高分、你的孩子需要動大手術，或者你的老闆是惡魔——這恐怕不會是你覺得應該開始大量學習新技巧的最佳時機。然而，仍有許多技巧確實有助於應付你的困境，有些技巧已經談過，有些即將討論到。

所以，我們的答案是：請確定那些技巧都在你的錦囊中，以便在這種情況下派上用場。你會知道哪些對你有用，每次你錯過公車、要應付挑剔的媽媽，或是拖著極度不適的身體上班時，都能練習這些技巧。

無論是遇到好事或衰運，你會經常用到某些新的思考習慣。有些策略則是在你發現需要幫自己一把時，才會拿出來應付麻煩。你必須經常磨練這些技巧，才能夠立即上手，不費吹灰之力就拿來應付大難當頭的情況。因爲身處那種情況時，要提起力氣並不是件容易的事。

下個單元是一些新的思考方式（健康的思考），只要你能養成那些思考習慣，對你將會大有幫助。對了，即使你人生的各方面都稱心如意，這些思考習慣對你也會有好處，你可以隨時準備收割。還有一些策略是你必須自行練習的，它們並不難，可是有些新技巧值得你在有需求之前先學會，例如瑜伽、運動、靜坐、騎自行車、好好泡澡、和朋友出遊、陪寵物狗／貓／鸚鵡玩耍。

這些技巧不一定都需要經過訓練，可是你需要弄清楚哪些對你有用。如果你的錦囊妙計不足以涵蓋所有心情、天氣、時段、地點，就該拓展你的範圍。比如說，假使你用來應付困難的所有策略都必須在家做，請想出一個你在工作場合會有用的習慣，然後養成這個習慣。其他還有跟小孩相處或是遇到下雪天等情況，以此類推。

光是有這些個人化的技巧還不夠，你必須有能力看出應用的時機。你應該習慣這樣思考：「今天真是事事不順，我需要去跑步。」或是「我覺得有點心煩意亂，趁孩子在睡覺時，我要靜坐二十分鐘。」你必須知道自己的策略有哪些、何時有需要，以及在有需要時哪些會有用。

法則16

把想法丟到外面比較好

將想法清空，讓心智重獲自由。

身陷危機時，你會發現腦袋裡擠滿了各種意念、情緒、擔憂和焦慮。你無法看出應該從哪裡開始著手處理，因爲你的想法快速翻騰，以至於難以掌握。你已經不知所措。

此時此刻，對你最有幫助的一件事，是把你的各種想法倒到紙上。研究發現，能用這種方式表達的人，事後會覺得壓力已經減輕。換句話說，他們能從不幸的事件中更快速地反彈回來。

應付困難時會遇到的問題，一部分是由於你無法讓想法保持不動。但是，它們在紙上是靜止不動的。只要你把它們安全地儲存在某個地方，不管你是大量清空，

法則17

放自己一馬

有時候（往往），「夠好」就可以了。

讓我們玩一下機智問答遊戲：

1. 你邀請幾個朋友到家裡聚餐，爲此投入無數的心力，烹煮了一道精美的佳餚。不幸的是，它在烤箱裡待太久了。它的味道還是不錯，只是不如你預期的那麼好。你的想法是：

(a) 有什麼關係？我在乎的是來聚餐的人，他們都很開心就好。

(b) 早知道就設定計時器。如果還要請人吃這道菜，我必須事先練習過才行。

(c) 我根本不會作菜，搞不懂我怎麼會自討苦吃。

2. 你應徵某個職位卻落選了，你的想法是：

(a) 眞遺憾，我得另外再試了。我要請他們給我意見，以便下一次參考改進。

(b) 這是我的錯，我的面試表現太差了。下次會先研究一下應徵的公司。

(c) 我的資格配不上那個職位。

我想，你知道我的用意。假如你的回答是(a)，你是相當有彈性的人。你知道人生無法事事盡如人意，而且錯不在你。你並不是要放棄或是懶得操心，只是很務實。

答案(b)是比較沒那麼釋懷的心態，但是你只針對這件事自我批判，這一點很重要。你爲自己設定了下一個可望達成的目標。

如果你回答(c)，覺得這是自己的一大挫折，把它看作是對你的廚藝、員工身分或是某個方面的該死宣判，用這次經驗來強化自己差勁和失敗的心情。天啊，你只不過是讓食物在烤箱裡多放了幾分鐘；你也完全不曉得那份工作的其他競爭對手，條件到底有多好。

思考彈性好的人懂得善待自己，但這裡不是在說讓自己脫離困境，而是了解批評無濟於事。能看出你錯在哪裡（如果有的話），下一次把它當作前車之鑑，這樣就行了，不要成爲你自責的理由。以上兩個(b)答案都暗示了無用的自責（「早知道」、「我自己的錯」），幸好那只是跟特定事件的錯誤有關，而我們偶爾都會犯錯。

假如你的思考傾向於(c)模式，在達到大多數情況都能有(a)模式之前，你可以先以(b)爲目標。*請注意：有時候（往往），「夠好」就可以了。我們不可能樣樣精通，想都不要去想。那種念頭不知害苦了多少人。

如果每個微小的挫折都能打擊到你的整體認知，你會更難復原。不如把每次的挫折都看成獨立的經驗，不讓它全面擴散到你對自我的完整覺知。假使有什麼事不如你的預期，請原諒自己，知道那件事無關乎你的自我。

*不要因為發覺你有想法(c)就自責不已。

Chapter 3

學習健康思考！

Healthy Thinking

我們的思想和情緒緊密相連，如果你想感覺平靜、快樂、放鬆、能幹，必須採用正確的思考模式，才能達到目的。大多數心靈健康方面的醫療，都是根據這個基本觀念。我們確實可以找到醫藥和其他支持方式，然而大多數有助益的方法都是與學習思考有關，即利用學習思考方法而達到更良好的感覺。

有些人所經歷過的人生，會讓這條路走起來特別艱辛。但是，只要學會以有用的方式思考，我們都能因此讓感覺更好。這其中有很多都是關於思考習慣和學習思考模式，以確保日常生活能夠過得順利。

上一個單元的重點是關於培養彈性所不可或缺的思考方式，學會了之後，你才能在發生情感創傷而導致生活脫軌時迅速康復。本單元則是關於身處那些重大事件之中時，如何照顧自己的心靈。話雖如此，若是能遵守這些思考法則，你將會養成健康的心態，這是毋庸置疑的。遭逢困難時期之際，也唯有如此的心態能有所助益。你希望隨時都能盡量保持愉悅的心情，而那些看起來總是輕鬆自在、態度隨和、無憂無慮的人，都是能遵守這些法則的。有些人確實天生就能擁有健康的心態，其他人則必須多費一點工夫才做得到。但是，這些法則把強力的心靈健康和積極的人生觀變成每個人的選項，只要你願意即可獲得。

法則18

用思考讓你更快樂

不自憐的人，比會自憐的人更快樂。

我們都知道，有些人是把愉快當作預設選項。倒不是說他們的人生在理論上比其他人來得好，他們的態度才是關鍵。即使是在最貧窮或是世上最飽受戰火蹂躪的地區，你確實都能找到凡事積極樂觀的人。如果他們做得到，我們有何不能？

答案在於積極樂觀並非繫於我們周遭的環境，而是我們的思考方式使然。沒錯，最積極樂觀的人也會有不太開心的時候，但幸虧他們的態度是積極樂觀的，因此仍然能夠應付得比較好。

我見過多位老人家，他們都是在結褵數十載之後失去丈夫或妻子。這向來是令人最不堪聞問的悲傷，也是他們一生最難以想像的不幸。假如他們從此墮入深不可測的悲情而無法自拔，我們也能理解。確實，有些人正是如此理所當然地陷於哀傷之中。

至於他們以外的其他人，卻能夠設法避免讓餘生在悲傷中度過。這頗有發人深省之處。他們當然有過悲痛而淚流不止的時刻，許多人在初期都是這樣。可是，他們會知道自己有多麼幸運。他們提醒自己：他們共度了這麼長的人生、共同養育了很棒的子女，以及他們一起度過的美好時光。正是這樣的心態，讓他們有力量獨自面對人生。

你的思考會影響你的感受。一開始看起來似乎並非如此，但是這些積極的想法是一種自我肯定，久而久之你的感受就會迎合上來。請持續尋找正能量，遇到半杯水就永遠把它看成半滿；要是烏雲蔽日的話，就找到光亮的銀邊並專注地看。誰都看得見杯子上空空如也的半邊，人人都知道那一半，但是你不需要執著在那裡。

我的意思是說，不要自憐。沒錯，會想到杯子半空就是自憐。假如你不停這樣想，最後當然會心情不好。我知道人們總是會忍不住執著於負面思考，不論是失去終身伴侶，或只是身體有點不適。可是，一旦你對它讓步，就是任由半空的杯子主宰你，你想要重新專注於光明面將會益發困難。

不自憐的人比會自憐的人更快樂。就是這麼簡單。你想站在哪一邊？

我並非建議你無論如何都不得對任何事情生氣，能那樣當然很美好，不是嗎？但是，這太不食人間煙火了。那是要你否認正在發生的一切，拒絕承認你有負面情緒。這麼想並不健康。你必須承認負面情緒的存在，允許你感到難過、憤怒或悲哀，然後仔細思考可以積極樂觀的理由：「錢不夠用固然令人沮喪，但至少我還付得起房租。」人生正當處境艱難時，要這麼做並非易事。可是，我們是在談怎麼做會有用，而不是討論公平或容易。

法則19

關注他人

你幫助他人時，也在客觀地審視自己的困難，能讓你的心情變好。

就某方面來說，本法則緊跟在前一條法則之後，因爲避免自憐的上上策，就是不要過於專注你的問題。不要待在家裡悶悶不樂，出門去吧，轉念想一想其他人的問題。

我們都有正在經歷困難的親戚和朋友，想一想你可以怎麼幫助他們、他們可能需要什麼支援。他們需要的也許是實際的援助，或者只想要個聽衆。你可以載他們去醫院就診、替他們採買、幫他們一起寫履歷表、當一天保母、協助他們準時交報告。或者只是需要每週打一通電話，或是找一個晚上出來見面，聊聊他們的問題，他們就會感激不盡。

這麼做對你而言極有助於轉移注意力，對他們而言則是偌大的支援。而且，好處還不只如此。你幫助他人時，也在客觀地審視自己的困難，能讓你的心情變好。你能藉此增進自信，因爲你感受到自己的價値（正確無誤）。隨著時間流逝，這麼做還能幫助你更積極、更有能力應付自己的困境。

當你想尋找需要幫助的人時，不必把眼光侷限在朋友圈。許多人選擇加入慈善組織或其他團體當志工，致力於關心他人並且眞心提供協助，同時他們也因此讓自己感到愉快。只要我們願意，幾乎人人都有能力撥出時間從事這類活動。或許你必須放棄定期上健身房、隔天一次在晚上和朋友聚會，或是隔天一次守著電視機。我們可以自稱分身乏術，不過那只是因爲我們甘願把時間都塞滿了。你有能力選擇如何利用時間，以及可以放棄哪件事來騰出時間做其他事。長遠來看哪件事能讓你更快樂，你必須自行判斷。

如果你決定去關心別人（我眞心推薦），可以從每週放棄某些事，騰出一個小時，乃至你願意空出多少時間都行。你可以先選擇某個責任輕微的角色，或是必須有很大擔當的。或許你可以每天晚上抽出一個小時，到地方型運動會所幫忙，或是每年花幾天時間當校長。你可以組織義賣活動或只是幫忙經營一個攤位。你所擔任的角色，也可以是每年在某個特定時期才幫得上忙的，像是在地方型馬拉松賽或是老人之家的耶誕晚會中擔任志工。愈是能專注於他人的活動，是愈好的選擇。在室內幫慈善活動封裝宣傳郵件是很好，然而爲了能全面發揮當志工的好處，你也需要跟你所支援的人互動。

請記住：這麼做的助益，對你和對他們是一樣多的，這是雙贏。它使你忘卻自己的憂慮和不愉快，大幅提升積極樂觀的心情，在你未來的人生中，都能伴隨著你。

嘿，看到沒？你已經閱讀了將近兩頁的時間，都沒有想到自己的困難。

法則 20

活在當下

退後一步，注視你的意念，但不要涉入。

你想要活在哪裡——過去、現在或未來？大多數人可能各有偏好，選擇也各有利弊。然而，即使你傾向於活在現在，大多時候你只是無意識地想要這麼做。

已有許多研究指出，如果能練習所謂的「正念」（mindfulness），即可降低焦慮、壓力和沮喪。部分原因是你更有可能及早覺察到這些情緒，可以在它們根深柢固之前採取因應對策。基本形式的正念，要求你每天安排一段時間練習，然而它最大的好處——如同其他思考方式——是你愈練習愈能養成習慣，也能將它融入生活中。任何需要它助一臂之力的時刻，即可順利無礙地進出這種狀態。

基本上，你必須每天抽出幾分鐘，可以是在固定的時間與地點練習，也可以變化一下，視你得到的效果而定。你的目標是養成正念的習慣，請謹記這一點。練習時，未必得安靜無聲、心平氣和，只要你能夠在這段期間不與周遭環境有所牽扯就行了。因此，公園的長凳、通勤途中的火車，無處不宜。假如端坐不動對你來說很吃力，你可以來一趟正念的散步。

困難的部分來了，而且在一開始練習時都會有點困難，可是只要你愈常練習，就會愈來愈輕鬆。請聚焦於當下這一刻，並化身爲觀察者的角色，注意正在發生的一切，但是請保持置身事外，不要有所批判。請注意你的左腳不太舒服，或是附近有鳥鳴聲。請注意你的意念，但是不要批評它們。

啊，沒錯，這就是我說的困難部分。你的目標並非清空心思，不像你在靜坐那樣，而是不要卡在意念或情緒之中。我現在即可預告，你將會被它們絆住，至少在大量練習之前會是如此。這是很正常的，不過每次你發現自己被意念分心時，就要馬上把注意力拉回觀察者的角色，觀察它們而不陷入其中。

你很容易就會被自己的意念牽著走，這也顯示了正念的重點所在。我們絕大部分的時間都是處於被意念和情緒左右的狀態，而正念是非常有價值的練習，因爲它將深層的自我從回應與對抗中抽離出來。

然而，他讓我開始思考：或許他說得沒錯，壓力是一個習慣，而我們能夠戒得掉。我觀察身邊認識的人，有的人總是壓力沉重，有的人顯然一派優閒。我很好奇兒子可能說對了什麼。是的，我是那種時不時會感到有壓力的一般人。也就是說，我相當容易感到壓力當頭。但是，只要我能克服它，壓力指數就會歸零，直到下次再說。我並不會長時間處於壓力狀態，不過我決定親自試用這一條思考法則。

我實行了，從此幾乎不再因爲任何事而感到有壓力。這個試用效果眞是驚人。我發現，每當發生令人沮喪、煩惱或是其他會造成壓力的事，我的大腦就會自動切入壓力模式，連問都不問一下。這是有趣的觀察。我的思考會立即開始運轉，圍繞著讓我感到有壓力的事，像是現在事態有多悲慘、這件事會衍生多少壞事、它已經浪費多少時間，以及現在想要解決問題會有多棘手。

我的大腦尋找著感到壓力或是合理化壓力的種種理由。它會開啓意念之河，而意念之河唯一的目標是火上加油（告訴你還有更多煩人的事）。假設我想打電話給電力公司，跟他們說我的電費帳單算錯了——這是日常生活體系下的小差錯。我的壓力會讓我加碼去想：「他們花了十分鐘才接電話……而且現在還讓我乾等……假如他們現在不解決問題，我會被斷電……而且我二十分鐘之後必須出門，我會沒時間處理電子郵件……而且、而且、而且……」眞了不起，因爲這一切都是大可不必的。其中有一大半都還沒發生，甚至可能不會發生，我只是在建構最糟糕的情節，隨後我的反應卻彷彿是它們已經發生了。

因此，現在我斷然停止這類思考。如果我能解決這次的問題，我會去做。如果做不到，我會阻絕那些無意義的想法。我拒絕去想那些事，並且告訴自己：人生中難免會遇到小毛病，現在就是一個。（有點像正念，是嗎？）我不必有壓力，不需要雪上加霜。我提醒自己再也不要自尋壓力。如果需要來一則口號，我會說：「全世界我最愛的人都過得很好，這才最重要。」所以，既然我所愛的人都很好，壓力這東西已成爲往事。如果我辦得到，你也行的。

法則22

正常是不正常的

只要不會傷害到任何人，誰都可以成為自己想要的樣子。

我有位朋友每天晚上只睡四個小時，他只需要這麼多睡眠，隔天醒來一樣神清氣爽。我認識某個人，遇到一點雞毛蒜皮的事就會大哭。我還知道有人對熱水瓶有恐懼症，某位女士經營了三份事業，另一位則是迷戀計數。我也認識幾個人，他們若非坐在背靠牆壁的位置，就會感到極不舒服。他們無一不是可愛又開朗，受人歡迎，而且跟你我一樣正常。

一般人容易憂心「應該」或「不應該」有某種言行。你太努力工作嗎？穿著不得體嗎？說話語氣不對嗎？太操煩嗎？你是否因爲有不同喜好、奇行怪癖而顯得像個怪胎？

請你聽好，正是這些因素讓人人都能成爲獨特的個人。你之所以是你，就在於你跟其他人的不同之處，並非那些你跟其他人一樣都在做的事。我希望起碼在少數幾個方面，你是有點奇、有點怪、有點不普通。不論是你的興趣、恐懼、行爲或是野心都好。

我在地區高中跟青少年一起工作，協助他們申請大學，非常樂見他們個個都是那麼與衆不同。他們都是同年齡的孩子、就讀同一所學校，但是這位想當攝影記者、這位想成爲生物化學家，那位想研究哲學、產品設計或是法國文學。有些人想從事賺大錢的行業，其他人想找的是能夠到處旅行或是可以改變世界的工作。他們能這麼形形色色、多采多姿，眞是太了不起了！

然而，卻有太多人困在一心一意只想著自己應該跟別人一樣才行。這是怎麼回事？你認爲「最好跟別人不同」和「最好不要跟別人不同」之間的界線在哪裡？告訴你吧，根本沒有那一條線。只要你能以尊重的態度待人，相同或是不同都是可接受的。在個人的層次，你當然會想要解決任何阻礙你享受人生的個人特質。但這些特質並沒有錯，只不過對你沒有幫助。

世上沒有所謂「正常」這回事，若是有的話，世界會變得超級無趣。所以，假如你發現自己跟其他人想得不一樣，那就慶祝一下吧。永遠不要對自己說：「我不正常。」除非你是在讚揚自己。任何人批評你和別人的差異，你都可以不屑一顧。如果對方是你在意的人——家人、老闆——你想這麼做會很吃力，這一點我能理解。可是，重點在於這是他們自己的想法，而且想錯了。只要不會傷害到任何人，誰都可以成爲自己想要的樣子。

儘管去做吧，在你身上凡是對你沒有幫助的部分，通通都可以改變。但是，不要改變自己去迎合某個想像的「正常」形象。這完全是徹底莫須有的壓力，大可不必將它往自己的身上扛。你當然不是正常的，你就是你。

法則23

評估你的情緒

了解自己的情緒並非義務，但這麼做會有幫助。

思考和情緒並不是同一件事，你不需要為了合理化情緒，就認為你應該能夠解釋情緒。當你感到憤怒、悲傷、沮喪或憂鬱時，即使無法解釋原因，也沒有關係。有任何情緒都好，因為它們就是這樣。你對情緒所做出的反應，不見得都是可被接受的，例如，不能因為你感到沮喪就合理化你的粗魯言行，但是，沮喪本身就是沮喪。人們會說：「你的心情不要這樣，這沒有意義。」這麼說才沒有意義。我聽過這樣的評語：「冷靜點，不用生氣……」然而，憤怒可不是因為邏輯上的需求。有時候它就是發生了。

儘管如此，就算沒有人期望你合理化自己的情緒，但若是你能夠了解情緒，實際上是對你有益的。這並非你的義務，但這麼做會有幫助。如果你感覺到自己的情緒時，能夠理性地思考這些情緒，就更有能力緩解不喜歡的情緒。

第一步是釐清你的情緒爲何，我的意思是給它一個名字。不，不是要你叫它艾瑞克或泡泡。請想一想哪些字詞最適合描述它，要盡可能具體，不可以只是貼上快樂或悲傷的標籤。你是沮喪或失望？這是恐懼還是焦慮？你是暴躁或煩躁？這麼做不僅能讓你指出情緒爲何，還能給你和情緒脫鉤的感覺，那是正念的本事，使你能夠將深層的自我從你正在經歷的短暫情緒中抽離出來。

在你理解自己的情緒之後，能想出會有這個情緒的原因嗎？我是指眞正的理由，它不見得是顯而易見的。比方說，你跟朋友提議晚上出來聚一聚，被對方拒絕了。你可能會感到不悅，不過眞正導致你不高興的原因，可能是被拒絕的感覺，而不是錯過前往某家酒吧或是看一場電影的行程。或許不是這樣，我不曉得，但你必須自己想出原因。

像這樣理解自己的情緒，有助於你冷靜下來。這麼做並不是因爲有所求於情緒——它們不過就是情緒，而且會有情緒該有的樣子——但是思考自己的情緒能讓你轉移注意力，而且有可能因此獲得洞見。你也可能注意到自己是否易於發生特定的情緒。例如，你是否注意到自己常常感到失望？或是悲觀？悔恨？

這是很有用的資訊。假使你傾向於感到失望，等於是在提醒你的理性：你往往會對人事物有過高的預期，畢竟失望是因爲現實無法符合預期。因此，從現在開始，對於他人、處境或是你容易感到失望的任何方面，你應該設法抱持合乎實際的期望。

將你的思考與情緒抽離的另一個好處，是你更有可能等到情緒的最糟糕部分過去後，再著手處理。情緒未必都是理性的，但是行動則可以經過思考。而且，你的思考能控制是否要寄出滿腔怒火的電子郵件、在電話中飆罵長輩，或是因爲無法出門玩而整晚在家生悶氣。

法則24 自我解嘲

想要自我解嘲的話，你必須先退後一步觀察自己。

有個現象很有趣：本書有許多關於心智健康的思考法則，都涉及到抽離自我，以及觀察自己的思想和情緒。後退一步，拉開距離觀察自己，是一件很棒的事，讓我們得以客觀地看待人事物。

多年前，我志願參加某個慈善機構，工作內容都是聆聽經歷困境的人傾訴。我從中學習到很多，有關於整體人生、人們如何應付不幸，還有關於我們能提供協助的方式，或是無意中阻礙了他們。收穫之多，筆墨難以形容。

我觀察到的心得之一是，能夠應付困境和有幽默感之間具有高度相關性。他們能夠自我解嘲、取笑自己的處境，即便是在很難說笑的情況下亦然。我總結其原因，相信這是因爲想要自我解嘲的話，你必須先退後一步觀察自己。而且，你抽離出來後，有了更好的視野。

單靠幽默本身當然無法解決你的所有問題，可是它對你的幫助有時會讓你嚇一跳。我可以確定，你生活中的輕微不順遂，大多能夠靠它解決，像是忘記帶傘變成落湯雞、要吃飯了才發現忘了啓動烤箱，食物還是生的。假如你正遭遇著重大不幸，那麼你是粉身碎骨或是能夠挺過難關，幽默感是造成差異的部分因素。

如果你能笑著面對自己或處境，拋開日常生活中的意外和煩惱帶給你的壓力，就能藉此學會大幅降低壓力。當我自己碰上那種鳥日子時，像是因爲沒有帶傘而被淋濕、堵在車陣裡，還是遇到招待不周的店家，又氣又沮喪地離開，我偏愛的策略之一是在內心把這件事改寫成搞笑版。

我的朋友最近改寫了一則故事，故事裡他的公司（他是老闆）清理了廚房後面的排水溝，因爲他們發現水溝被油脂及垃圾堵塞了。清出來的東西很噁心，所以他們把它放在廚房門外的手推車，準備拿去丟掉。十分鐘後，有市政府衛生單位的人上門臨檢。他們的手推車絕不能被發現，因此我朋友必須在檢查員走進廚房之前，先把它偷偷推去藏起來。

我朋友身穿全新的西裝，上面因此沾滿了油脂。當他推著手推車經過廚房窗戶前方，剛好在裡面的檢查員正背對著窗戶。那一刻勢必相當緊張刺激，但是我朋友用很搞笑的敘述，讓人聽得忍俊不禁。我看得出來，事情發生的當下，他一定是一邊處理，一邊欣賞事件有趣的一面。他的作法使一度可能變得很有壓力的事，到最後反而充滿娛樂效果。

法則25

不斷學習

人類愈戰愈勇；你，我，人人皆然。

任何堵塞或停滯的事物都是不健康的，對你的思考或對其他事物來說，都有很大的影響。如果你希望享有健康，身體和心靈都必須保持活躍。因此，你應該學習新技能、獲取新知識，以及創造新體驗。

如果你不這樣做，人生就會陷入困境，生活將變得重複、沉悶又無聊。丁尼生（Tennyson）說過：「呼吸猶如生命。」*有人過著周而復始、一切都在意料之中的生活，絲毫不想出門遊覽世界。這種人眞是讓我衷心佩服。如此這般的生活也好，但其中仍大有空間，足以讓人伸展、活動大腦。

人類愈戰愈勇；你，我，人人皆然。我們都樂於接受形形色色的挑戰，這樣很好。你可能喜歡經營地方型社團，或許填字遊戲讓你玩得津津有味，其他人也許欣然追求學習西班牙語或造訪遙遠國度所帶來的刺激。請找到你喜歡的事，然後去做。更好的是，多找幾件喜歡的事，然後全部都做。

但是，請不要陷在新的僵化模式裡。一旦你覺得填字遊戲難不倒你，或是你的西班牙語已經造詣過人，就去找不一樣的事來做。各種活動都會運用到大腦的不同部分，因此要稍微變化你從事的活動，不宜從填字遊戲改成數獨。我的意思是，數獨很好，只不過你應該做些差異較大的事，例如舉辦活動、學習繪畫或是經營小型家庭事業。

當你發現自己常以「我完全不懂這個」、「我以前從來沒做過」這類說詞來回應一些提議時，你就應該去嘗試這些提議。很多人把這些回應當成裹足不前的藉口，而我們應該鼓勵人們勇於嘗試。就因為我們一無所知、從未做過，所以才需要去做。要不然，我們只是不斷地舊地重遊，有何意義可言？

拓展知識範圍就跟學習新技能一樣重要。請選取一個你感興趣的主題，盡其所能地學習它。你不必成為世界級權威（除非你想要），然而，希望比你的朋友或是普通路人甲乙懂得更多，卻是不難達到的境界。我的朋友中，許多人各有擅長的知識（工作之外的領域），他們所懂的遠遠勝過我認識的其他熟人，例如中世紀兵器、字體設計、政治史、野生花草、現代藝術、二十世紀電腦學、環境友善建築技術等。

當朋友來電找你時說：「我要借一下你的腦袋……」他們是爲了什麼事？是不是只有你懂那個主題？但這並非你學習的目的（眞正的目的應是啓發及活動你的心智，讓它保持健康），可是上述問題的答案可以當成線索，讓你知道自己在這個主題的深入程度到哪裡。很多人不會接到這種電話或簡訊。或許是他們的專長太冷門了，沒有人想知道，也可能是他們從沒想過提升知識的程度。

＊語出丁尼生的〈尤里西斯〉（*Ulysses*）一詩，請你找來一讀。如果這首詩無法激勵你尋求新體驗、知識和技能，世上再也沒有人做得到。

法則26 沒有人喜歡無能為力

思考自己的學習過程，對你會有幫助。

我不想談論心理學理論（我不是在指責，只是想堅定地專注在實踐面）。但是，有個理論可能對你有所助益，它是關於學習新技能時會有哪些心境。學習時，你會經歷四個階段：

1. 無意識的無能（Unconscious incompetence）＊：此時你根本不曉得自己不會做。例如，在你學開車之前，完全不知道該做什麼。
2. 有意識的無能（Conscious incompetence）：你知道自己做得不好。你開始駕駛車輛，卻發現無法正確轉向，或是煞車踩得太慢，不然就是一再熄火。

3. 有意識的有能（Conscious competence）：你做得到，而且你知道。你的考試日期不遠了，你會的各項新技能令你沾沾自喜，比如你能夠緊急煞車或是正確迴轉。

4. 無意識的有能（Unconscious competence）：你做得很好，好到不會把它當一回事。你已經開車好多年，很少想到車要怎麼開，完全是本能反應。

以上過程適用廣泛的領域，無論是學開車、烹飪或是程式設計皆然。此外，也適用於比較不顯而易見的技能，如學會自我解嘲、自我覺察，或是更有條理。

我略述這個理論而不嫌它們都是又長又抽象的詞組，原因在於：能夠思考自己的學習過程，對你會有幫助。你眞正需要了解的，是其中有一個階段並不討喜。是的，第二階段——有意識的無能——不會讓你樂在其中，誰都不喜歡它。

在「有意識的無能」（我傾向於改稱它「我很爛而且我知道」）階段，你的自信心完全崩潰，你總是注意自己所犯的錯、覺得每個人都比你強，也可能會懷疑自己一輩子都學不來。

正是在這個時刻，你應該記起本法則：一切都是正常的，這只是學習過程的一部分。不論是從事新工作、爲人父母、練習本書的各條法則、拉小提琴，或是學開車，都不例外。

當你開始感到鬱悶和無能爲力，請這樣想：「對了，法則26，我應該會有這樣的感覺，我正處在『我很爛而且我知道』階段。沒事沒事。只要鍥而不捨，不用太久我就會到達『我很棒而且我知道』階段，反正就是那個名字長到記不住的階段。」再來，你距離那個「我很棒但是我都忘了自己有多棒」階段只剩一步之遙，世界又會再度變成彩色的。屆時你的百寶錦囊又多了一項駕輕就熟的新技能。

＊沒錯，全是深奧艱澀的詞組，難怪一般人都敬理論而遠之。專家們總是盡其所能想要表達得更具體，這一點說得通。因此他們在描述時總是致力於找出最準確的詞彙，但其他人可不會在乎這類又長又抽象的字眼。

法則27 有練習才有進步

學習是持之以恆的過程，並非一蹴可幾、一勞永逸。

既然你是本書的讀者，我猜你屬於熱愛學習新技巧的人。這是好事，有這樣的態度，你將能從人生獲得更多。不過，我比其他人更熱愛學習。幾年前，我學過一門新語言，確實學得很開心。雖然還不到流利的地步，至少溝通無礙，這是我要的。學習時的各項課程都很有趣，雖然我是從「我很爛而且我知道」的階段開始，仍然能看出自己正在逐漸進步。

但是，小時候我很討厭學習小提琴。遺憾的是，我不僅看不到自己有任何進步（因爲當時我看都不看），也很氣要把小提琴固定不動三十分鐘，害得我的手臂好痛。我只盼望小提琴課早點結束，才能把手臂放下來休息。

所謂的學習，並非爲了終點，它是持之以恆的過程，並非一蹴可幾、一勞永逸。如果你不喜歡學習的話，熱情無法持續太久。你學習的終點並沒有路牌，你更不可能站在路牌下靜止不動。經過幾個月悲慘又艱辛、耗時且可怕得讓你厭惡的訓練，你以爲單憑這些就足以跑完馬拉松？我可不這麼想。你必須樂在跑步、享受挑戰，喜歡設定個人的全新最佳表現、喜歡感覺自己日益適應、喜歡有同伴一起受訓。

假如你學習只是因爲樂在學習，就不會在乎還要多久才能達到「我很棒而且我知道」的階段，因爲你在學習的同時即樂在其中。這是不言而喻的。如此積極的心態，在你遇到挫折、卡關時，能協助你實事求是，而且在無法立即掌握所有內容時不至於貶低自己。忘了「熟能生巧」吧！你需要的只是進步，不是巧妙。

如果你選擇學習新事物，卻無法在過程中獲得樂趣，請尋找看看是否有其他比較有趣的學習方法。或許你可以跟其他人一起上課、改到其他時段、利用應用程式、換老師、找朋友加入，或是去上速成班。

另一個可以讓學習更有趣的因素，是想一想你的進步情形。不論你有多麼接受

「我很爛而且我知道」是正常階段，仍然會想要感覺自己正逐步邁向下一階段。因此，請在當下階段密切注意自己的進展，結算一下已經取得的收穫，並且專注於目前達到的成績。

有些人會記錄某種進步日記，假使你覺得這對你有效，也可以試用。重點在於：請思考你的學習，當你傾向於只注意所犯的錯誤時，要能看得出這個傾向並予以修正。犯錯能夠強調學習的要點，具有短暫效用，但也僅此而已。你執著在錯誤上，不會有任何好處。計算你的成功有多少，不論是多小的成功都算，對你的好處會更多。

法則28

關閉腦內的重播

請準備一個積極想法，來應對消極意念。

當你無法停止在腦海中沒完沒了地一再想著某件事，難道不會厭惡這種情況嗎？一個你解決不了的難題、毫不理性的恐懼、你希望能用不同方式應付的處境，或是某人對你說的事，你不斷地一想再想，不管你多麼努力想要停止，終究讓你感到被自己的思考控制了，而非你能控制思考。

這種執迷不悟或過度思考，會造成消極情緒，往往還會導致壓力、焦慮和沮喪。執迷不悟或過度思考確實可能與負面條件有所關聯，然而，不論我們的潛在心情如何，仍有可能經常落入執迷不悟或過度思考的狀態中。最惡劣的情況是造成你有生病的感覺，並且導致你筋疲力竭，無法正常起居作息。

不愉快的事件、憂慮或是問題，被你重複播放，其中有一項最令人覺得沮喪，那就是我們會愈來愈專注於問題。你應該注意的是問題所造成的情緒。比起處理你搭飛機的恐懼而無視於潛在的焦慮，你去處理自己感到焦慮的事實，會更有效。即便你能成功解決對於下一次搭飛機旅行的恐懼，你容易感到焦慮的廣泛傾向仍是不動如山。

所以，你想要的是停止憂心忡忡的毛病。喔，這個想法本身就會造成問題。假如我說：「不論你要想什麼，就是不可以去想白色小北極熊。」你腦海中冒出的第一個意念爲何？如果你刻意嘗試不想某件事，會造成反效果。

先承認那些意念時不時就會在你的腦海中跑出來，然後再決定當它發生時你該怎麼辦。這麼做會容易多了。請準備一個積極想法，來應對消極意念。當你逮到自己正在想著飛行恐懼，請想像飛機著陸後你愉快地步下飛機的畫面。如果你不斷回想老闆把你生吞活剝的記憶，請回憶大家都稱讚你的經驗。

如果你碰到某種不滿意的情況或遭遇，請思考可能引發的情緒，而不是情況本身。請辨識出令你不愉快的原因，你感到丟臉、不受重視、內疚、失望，或是講的話被當耳邊風？現在，請思考如何應付這種情緒，這麼做是要讓你從情況中脫身。

情況本身並非問題，憂慮的情緒是從潛在的焦慮產生的，而非某個情境即具有內在的憂慮。

最後一點，假如你能利用分心技巧中斷心智的思考習慣，不讓某條特定的負面意念之河繼續流動，那麼，讓自己轉移注意力也會有幫助。理想的作法，是透過能夠產生正面情緒的活動讓你轉移注意力，不論那是跑步、致電給朋友、打電玩、看電視，或者其他選項。正念在此處也很有效，不只是轉移思考可行，觀察思考而讓自己從中抽離，也是有用的。

法則 29

迴避壞習慣

最容易打破習慣的時刻，是在它開始之前。

我們的心智眞是喜歡重複啊！相同的事一做再做，能讓人備感放心，爲心智帶來美好的安全感。假如你一直重複做的事對你有好處，絕對沒有問題，像是每天刷兩次牙或是規律運動。若是中性的活動，而且不會妨礙你的生活，還是沒問題，像是收看十點整的新聞報導或是先穿左腳的襪子再穿右腳的。然而，那些沒有好處、有時又會礙事的習慣，該怎麼辦？像是堅持要在傍晚六點整用餐，或者上床之後還要摸黑到樓下檢查大門有沒有鎖，即使你明知道已經鎖好，依然會去做。

我們都有會讓自己後悔的習慣，有些人則是容易養成令人困擾的習慣，像是重複檢查大門是否鎖好，或是咬手指甲。即使是最單純的習慣，例如在每個週日洗車，若是你開始感到非做不可，它也會變得很惱人。如果這些非做不可的事演變成執迷，並且開始左右你的生活，你必須尋找專業協助以便早日脫離苦海。可是，許多人比較常見的是較溫和的習慣，也就是在焦慮或擔憂時會非常堅持的一些行為。

那些讓人感到安心、規律、安全的習慣，能讓你的心智平靜下來。但是，它們不見得是你需要的。我總是能夠確定我太太正感到壓力或焦慮，因為她會開始擺正壁爐架或置物架上面的物品。*比起擺正物品，某些反應更加惱人。假如你覺得必須檢查房子的所有門都已經鎖好，或者確定盒子裡的茶包是雙數，那就更糟糕了。當你感到焦慮時，你的心智會要你去執行奇怪的小習慣，讓你能夠平靜下來。這些小習慣的花樣之多不勝枚舉。

那麼，當這些習慣妨礙了你，如何才能停止？假如你的習慣（甚至是儀式），在你焦慮時會變本加厲，那麼降低焦慮就能減輕習慣，這是很清楚的。所以，首要之務是處理你潛在的壓力與憂心，這樣想顯然沒錯吧。

假如你能轉移注意力，當然是最理想的。若是一開始辦不到，你可以選擇的作法是用另一個習慣來取代。抽電子菸取代香菸，就是一個明顯的實例。如果你的大腦再度要求你去整理書架，你不妨試著轉向去整理壁爐架，這樣做比較不會干擾你的生活，因爲這件事很快就能做完。就你的焦慮來說，你可能會滿意替代活動，或者你會在一段期間之後決定再一次減輕這個新習慣。

然而，最有效的策略是在這些習慣開始形成時，就能盡早發覺而立即採取行動避免。從現在就開始吧，最容易打破習慣的時刻，是在它開始之前。因此，從你第一次想到樓下檢查大門是否鎖好時，就注意到自己正在形成習慣，並對它喊停。請轉移你的注意力，唱首歌、去洗澡，任何對你最有用的行爲都好。此刻便是行動的時機。

*我太太花了好幾年的時間想要弄懂我怎麼知道她的心情，最後我只好告訴她實情。

法則30 善用語意學

你的潛意識正在聽你說話。

我的家族裡有人是完美主義者，以至於他眞的很難準時交件。他不斷在尋找作品中沒人看得出來的細微瑕疵，然後補正。即使期限快到了，或根本已經逾期，他也停不下來。他喜歡每件作品都是絕對地完美無瑕。我看見這種心態有個先天的瑕疵，不得不指出來給他看：當某人向你要求作品，他們要的是符合標準及準時。因此，「準時」也構成了完美的一環。假如遲交了，整體來說都未能達到完美的標準。

像這樣重新定義「完美」，讓準時交差變得比較容易了。一旦你能如此擴充完美的定義，你的完美主義傾向將會驅策你符合這個新的理解，協助你克服遲交的趨勢。若你想要改變某個行爲，以這種方式重構或重新定義對你了無助益的想法，是能管理該行爲各個面向的關鍵。

我的一位朋友是徹頭徹尾靠不住的人，最後他才終於明白（比我們晚了好多年）：遲到大王、索性不到場，或是到了最後一分鐘才改時間，這些都是令人難以捉摸的毛病，並非魅力，只會讓其他人很火大而已。因此，他告訴自己：這樣的行爲是「不爲他人著想」，並非「從容率性」。這個想法對他產生了立即的影響，從此以後他變得跟我們每個人一樣可靠。

語意學——你使用的字詞以及你定義它們的方式——是你思考方式的本質。因此，假如你想改變態度、做事方法、行爲，請重新思考你的遣詞用字。如果你不喜歡「害羞得要死」，就不要這麼描述。例如，你可以把自己想成「安靜的聽眾」，然後即可訓練對自己的社交技巧有更正面的態度。這世界需要更多聽眾，不是嗎？

如果你的自尊低到你不喜歡的程度（對大多數人來說這大概都是眞的），請仔細想想你對自己說話時所使用的語言，對他人說話時更是。你的潛意識正在聽你說話，它聽得出「我被當了」和「我這次沒及格」的差別。相同語言一而再、再而三地使用，將會影響你的感覺。面試是「糟透了」還是「沒有如你所願」？乍看之下只是小有不同，但是前者比後者負面多了。你是專橫霸道或堅定自信？在某方面一無是處，或是沒有你想要的那麼好……還有，是自私還是關照自己？

發現自己正在想「亂七八糟」時，要對自己說：「哎呀，法則30要求我應該改說『沒有很整齊』。」或許你會覺得這麼做毫無意義。然而，這個習慣的養成之容易，足以讓你嚇一跳。到了那時，你的潛意識才眞的會正襟危坐地洗耳恭聽。

法則31

保持固定的標準

若標準設在第一個平台，就讓它停在那裡。

曾經有一位老師跟我說，在管理那些企圖心旺盛的學生時，最棘手的工作之一，是他們個個努力不懈地追求目標，直到目標已經遙遙在望、指日可待，然後，他們會隨即重設更艱難的新目標，棄舊迎新。這麼說聽起來像是美事一樁，因爲學生能藉此拿到更高的分數。假如分數是老師的興趣所在，這確實會是件好事。但是，好老師也會關心學生的福祉。學生的作法所帶來的問題，是他們永遠不會感到快樂，因爲自己從未達成目標。以定義來說，他們始終都是不符合要求。隨著他們的成就日益提高，自尊卻會矛盾地下滑。

我們之中有許多人在學生時期正是這麼做的*，長大成人後仍持續在做。有些人則是在學生時代完全不會這樣**，卻在成年之後順利養成了這個習慣。無論是工作或是個人生活，我們不停地提高標準，以至於永遠都覺得自己不夠好。接著，我們會責難自己無法達成目標，而那個目標其實是被我們刻意提高的，只因爲我們就快要達陣了。怎麼會有這麼蠢的行爲？

如果這是在說你——假如是的話，你一定心知肚明——你必須看出這是多麼傻的行爲，並且改變你的思考方式，因爲它無法讓你快樂，更何況它也無法帶給你任何成就。請記住法則27，專注於你的人生旅程。如果你的目光是放在人生的獎品，至少會以應有的速度進步，也比較不會不停地提高標準。

請想像建築物的樓梯。假設它有三十級，若是一路直奔頂端，那會非常陡峭。但是樓梯實際上並非如此，它會先有十級，然後做一個小平台，而在下一個平台之前再來十級。於是，每十級台階就會有一個小平台供你短暫停留，調整一下呼吸。很好，現在請將這個意象固定在你的腦海中。

重點來了：不要更動標準。標準若設在第一個平台，就讓它停在那裡。當你抵達第一個平台時，何妨恭喜自己，說句「幹得好，你達成目標了」。你可以回頭望一眼來時路，看看你已經走完多少台階。請暫時感受一下成功的喜悅，你值得自我感覺良好！

是的，現在你已經證明自己能夠成功達成目標，那麼再來一個全新的標準如何？讓我們想想……要不要放在第二個平台，再上面十級？請重複這個過程，並且每十級就享受一下成功的感覺。然後，請持續重複。

這只不過是以新穎的方式思考任務、抱負和挑戰。它不會拖慢你的腳步，不會讓你最後的成就變少。它只是讓你在努力邁向目標時，改變態度。將任務拆分成幾個部分，是很好的實用作法。可是，你必須配合各個部分而設定獨立的標準，才能在執行過程中保持愉快的心情。

*這裡的「我們」一詞，我是採用它最寬鬆的意思。

**嗯，這樣比較像話。

法則32

找個好說法

當你可以採用正面假設而感覺愉快，何必堅持負面假設。

妄下定論並非明智或清晰的思考方式，這一點不言自明。當你正在聽取別人的論證或是解決某個實際問題時，你懂得遵守這個原則。然而，在社會生活中，你卻很容易落入這個陷阱，也就是你的思考方式讓你對自己造成不必要的負面情緒。

偶爾我會想起某位朋友或是某個人，感覺跟對方似乎已經疏於聯絡很久了。每一次我產生這樣的念頭，就會暗地裡自責，覺得自己眞是不夠格的朋友，同時猜想對方一定不欣賞我這個人。但我就想到此處爲止，因爲這時我會提醒自己：假如我們已經半年沒有說上話，表示他們也沒有想要跟我聯絡。我不會覺得自己被朋友淡忘、不被喜愛（因爲我太忙著自責），那麼我何苦假設他們會這樣想？保持聯絡是雙方的事，當你們分隔兩地且各有忙碌的生活，疏於聯絡是自然發生的，並非誰的錯。

假設你在街上遇見朋友，他們並沒有跟你眼神交會或是停下來打招呼。你的第一個念頭是什麼？他們不喜歡我，他們在躲我。我不曉得你的情形，我自己倒是經常忽略旁人，因爲我總是全神貫注地思考腦袋裡的一連串事情，以致完全沒看見他們。或者，有時候是因爲我跟他們不熟，沒認出對方，即使對方認得我。我知道事情就是這樣，這是事後別人告訴我的（朋友說：「我們會車時我有向你揮手，但是你沒注意到。」）所以，你爲何認定——當事實跟你想的完全相反——發生那樣的事並非湊巧而已？

當你又想苛求自己，或是有人似乎對你態度無禮或冷漠、對你指桑罵槐，請不要犯了妄下定論的錯誤。你隨時都應該想想其他可能的解釋、對方是否有其他用意、他們的行爲有沒有其他原因。也許他們的本意並不是那樣，只是表達方式不對——這種情形曾經發生在你身上，爲什麼他們就不會遇到？

除非你有鐵證，能證明你個人的毛病或過失是唯一的解釋，否則，當你可以採用正面假設而感覺愉快，何必堅持負面假設。

社交互動中充滿種種輕微的誤會，「漢隆的剃刀」說*：「用愚蠢即可充分解釋的，不要歸諸於惡意。」在這裡我想把「愚蠢」替換爲「誤會」。老實說，不論你的第一個假設爲何，其實更有可能純屬誤會。

*沒有人知道漢隆是誰。但是，顯然「剃刀」是一條科學或哲學法則，能協助你推論。它也是用來刮鬍子的工具，不過在這裡當然不是這個意思。（譯註：西方思想上有知名的「奧卡姆剃刀」〔Occam's Razor, Ockham's Razor〕一詞，是指一種崇尚簡約的思考態度。它主張：若有兩種以上的說法具有相同的解釋效果，我們寧取最簡約的那一種。這個原則在科學及哲學上影響頗大。）

Chapter 4

練習井然有序的思考！

Organised Thinking

在壓力之下，你不會願意浪費時間思考。以規畫及組織思想而言，你愈精簡，愈不會猶豫不決，愈有時間繼續前進，做必須做的工作。

當然，我的意思並非要你像無頭蒼蠅一樣盲目行事。很多人都會這麼做，因爲如此一來我們就能有忙碌及頗有成效的感覺。可是，忙碌並不必然代表有成效。你可以隨處亂闖直到筋疲力盡，卻依然一事無成。

因此，你必須抽出時間投入思考，確認你展開工作時是在對的時間做對的事，不會浪費時間從事無益之舉，或者至少現在不會。

「以有組織的方式思考」是有價值的行爲，懂得這一點的人能夠以最小的力氣獲得最大的效果。他們經營大家庭、擔任高級職務，仍然保有時間參與社交活動、當志工，並且投入自己的嗜好，做起所有事來都能保持鎮定又開朗的舉止，因爲他們不會浪費任何時間進行毫無章法的思考。

如果上文不是在說你，而你希望是，請不要感到失望。這其中並沒有奇幻魔咒，你只需要學會幾個祕訣即可。請繼續閱讀下去。

法則33 相信有條有理

有條理的人，更能掌控自己的人生。

這條法則大概是本單元最難的，只要能掌握這一條，其他的就容易多了。有個主張是這樣的：有些人天生就能有條有理，有些人不是。這個說法有點道理，但不是重點。有些動物天生會游泳，例如犬類，但有些不是。比如說，我就不是。然而，我照樣學會游泳，而且游得不錯（很久以前）。別因爲你不是天生有條理的人，就拿來當藉口說：「我希望能更有條理，但就是沒那個細胞。」讓你自己變得有條有理吧。

人們用這個論點合理化自己的散漫，然而他們完全是有能力控制的。你不是任由命運操弄的受害者，你有充分能力學會游泳、背誦九九乘法表、開車、爲人父母、有條有理。不要再怪罪生辰八字了。如果你不是有條理的人，就接受事實是你懶得去學。如此而已。

這確實是問題的癥結所在。那些沒有條理的人只是因爲不想學，他們是這樣想的：麻煩麻煩，不做就不煩。記備忘錄、寫日程表、列清單、開發策略……多浪費時間啊。直接去做不就好了，對吧？

好，請聽我說。假如你想成爲清晰的思考者以及有效率的執行者，就必須放棄這樣的心態。請停止再尋找藉口，看看你四周的人：有人從不回覆電子郵件、有人直到最後一分鐘才買車票，以致必須花兩倍票價（譯註：英國大眾運輸系統的票價起伏很大，愈早訂票愈便宜，當場購買最貴）、有人跟你借書不還，因爲他弄丟了，還有人老是遺失車鑰匙。他們都是懶得學習有條有理，假裝這是天性使然，不是他們的錯。

然而，那些能夠在生活中保持自主的人、總是有時間應付突發事件的人、說會回覆你就會回覆你的人：他們都是有待辦事項清單、有日程表、有備忘錄，以及永遠只把車鑰匙放在同一個地方的人。

沒有條理的人總是讓人痛苦，不是嗎？雖然我認識一些超有條理的人，他們讓我很不自在。但是在我的一生中，相較於那些完全不願意設法清楚思考的人所帶給我的不便和麻煩，那種不自在根本微不足道。

遺憾的是，我自己也曾經是不願意清楚思考的人，前後持續了好多年。直到我終於了解自己有多麼粗心大意，也領悟到有條理的人更能掌控自己的人生。那時候我才明白自己一直在找藉口，有條理的思考並不是天生的，有就有，沒有就沒有。它自然而然地來自有條理的行爲，如果你能有條理地行動，就能有條理地思考。

因此，假使你希望有清晰而井然有序的心智，讓生活有多餘的空間，留給任何你想放進來的人事物，第一步是認同自己具有變得有條理的完美能力，而且如果做到了，你會更快樂。你身邊的每個人也是。

法則34

學會愛上清單

規畫與思考所需要的最佳心境，跟執行時所需要的並不相同。

如果你是熱中條列清單的人，可以跳過這條法則。本法則的內容對你來說都是耳熟能詳的，因爲它是針對（尚未）開始列清單的人。那麼，你覺得條列清單有什麼不對？你爲何不做？人們給我的理由不外乎兩個：其一是浪費時間，因爲你一邊做，就會慢慢知道該做什麼；其二是冗長的清單讓人好氣餒。

讓我們從第一個理由開始說起。你認爲自己一心多用的能力有多強，其實無關緊要。每次專心只做一件事，直到完成後再去做下一件，永遠都是更具有時間效益的。規畫與思考所需要的最佳心境，跟執行時所需要的並不相同。你的清單上那些不同的任務，確實需要用各自的方法去做。你之所以應該一次處理所有的電子郵件，或是一次洗完衣服，其原因正是如此。

趁你的心智正處於有組織的思考狀態，一次把所有必須做的事全部想清楚並寫下來，實際上更節省時間。你將能記住更多，而且在那個心境之下，你也能將它們分門別類，有效率地執行。舉例來說：你先把出門在外時必須做的事情全部條列出來，以免回家後才發現自己忘了做什麼。當然，你有可能後來才想到別的事，只要再補充到清單中即可。不過，意外被漏掉的項目會少很多，因爲你一開始就是專注在條列清單這件工作。

等你寫完清單，即可切換到執行模式，不必再把這些必須做的事牢牢記在心裡，因爲它們全都在你的清單上了。所以，你可以有更清晰的腦袋去執行任務，也就是說你能做得更快、更好。重要的是，因爲你事先已經坐下來條列清單，最後反而省下更多時間。由於你讓心智工作的方式簡化，而且能在第一次就把任務做好，才能達到上述這些效果。

很高興我已經解決第一個理由。現在來看讓人氣餒的冗長清單……它真的會讓人洩氣，所以何必弄出沒完沒了的清單？你需要的是幾個短清單，如果你願意，也可以在長清單加上小標題區隔。但是，你更可以用幾張紙分開條列，如果這麼做有幫助，請不必客氣。假設你正在準備一趟出國旅行，會有購物清單、通行證申請清單、打包清單……諸如此類的，你有很多需要處理的清單。而且，如果你討厭條列清單，請提醒自己：與其到了機場才發現把護照忘在家裡（我們都認識這種天兵），條列清單還是比較不麻煩吧。

我的一位親戚總是說，一份好清單應該從下列三個項目開始：

- 可以很快做完的事
- 你喜歡的事
- 你已經做完的事

這麼一來，你瞬間就能在前三項任務打勾，而且會感覺已經取得實質的進展。

法則35

腦袋清空才能思考

無數意念在腦海中左推右撞、爭奪空間，會使你更難專注於手上的任務。

當腦袋裡擁擠且雜亂不堪時，你就很難運作得有效果而有效率。你忙著操心一些重要的意念時，哪有太多心力思考當前的工作？你還會不斷發現自己短暫思考著：「喔，我得記得打電話給某某……」、「糟糕，我必須確認……夠不夠」，或是「這個必須在星期四以前完成……」。無數意念在腦海中左推右撞、爭奪空間，會使你更難專注於手上的任務。你不是忘東忘西，就是不斷從這件事跳到下一件事，沒能妥善完成上一件，或者兩件都做不好。

假如你在工作上負責執行一項大企畫、舉辦一個地方型活動，或是準備搬家，大概會做一些備忘錄。可是，只記錄某些待辦事項是不夠的，你必須全部寫下來。沒錯，全部，鉅細靡遺。

我曾經有一份工作，主要內容是專案管理。無論走到何處，我一定隨身攜帶一本活頁筆記本，而且在線圈的地方插著一支筆。只要有人提到一項工作，不管有多小，我就會隨手記下來。如果是我突然想到自己必須做或是應該提醒別人做的事，也是一樣。晚上我會把它放在床邊以便隨時記錄，就不會在還沒睡著時擔心自己在天亮後會忘記。每天晚上，我會瀏覽全部的備忘錄，把它們整理得緊湊一點。你不一定要準備活頁筆記，也可以寫日程表、寄電子郵件給自己（或別人）、在桌上或冰箱貼滿便利貼，只要是對你有效的方式都行。

我在這裡要說的重點，不是告訴你方便好用的備忘技巧，雖然它們確實好用。你的筆記本（或週間計畫表、便利貼、購物清單、手背）上面的內容，只是我說的部分重點。它的確是一個有效率的系統，讓你不會忘東忘西。但是，真正重要的是你腦袋裡面的：空無一物。那是空間。

這是可用的記憶空間，清晰、令人喜愛、輕鬆自在、空空如也。現在你可以在完全無壓力的狀態下，逐一處理每件工作，因爲你把其他雜亂的東西都搬出腦袋了，都在某張紙上面。如果還有任何事侵入腦袋空間，儘管把它清出來，讓它變成身外之物。請務必清理你的大腦。

還有一件事値得記下：每次有人應該回覆你某件事時，請記上一筆。將它記在日程表、存放在「寄件備份」資料夾，或是爲它準備個地方記錄，這麼一來，如果對方沒有回覆，你的系統會讓你記得去追蹤。想像一下這樣可以爲你釋放出多少思考空間。

我每天都會清理電子郵件，這樣做能讓收件夾裡只保留必須採取行動的郵件。我的寄件備份則是只留下等候其他人回覆的郵件，只要對方已回覆，這些備份即會歸檔。沒錯，對某些人來說，我的作法有條理得太超過了，聽起來很扯。但是，我不在乎他們怎麼想。我在乎的是不用再去記住任何事，因爲我的收件夾或寄件備份夾，會幫我代勞所有記憶的工作，而我則是能保持大腦清晰。

法則36 勿讓大腦的隨機存取記憶體超載

生活中，這些大小事表面上全都運作得不露痕跡，除非明顯超載了。

延續前一條法則來說：每天的種種規畫、生活補給、記在心裡的待辦事項清單，這些事占去了大腦多少空間，你是無法想像的。還有那些你自覺需要大量規畫的工作或專案（閱讀過最後一條法則後，你勢必會想詳細記錄*），同樣也會占據大腦空間。

無論你多麼熱愛條列清單，總是會有一些事情你不想寫下來。例如，你必須思考該用什麼順序跑完各家商店：首先你要去乾洗店送洗髒衣服，因為你不想提著它們到處跑。你到最後才會去採買食物，因為有些東西必須盡速拿回家冷藏。但是，郵局還有半小時就要關門，到藥局拿處方藥必須繞路……你不太可能在紙上規畫這些，而它們會占用到大腦的部分空間。

或許你打算在這個週末組裝置物架。你會思考應該買多長的螺絲、哪裡買得到。你可以在去火車站接母親時順便買嗎？或者說，如果你去另一家店，還可以同時買到油漆和木材，但是你必須在母親抵達之前買好……

打電話給銀行、邀請朋友參加派對、替孩子準備開學用品、更換電力公司、準備餐點、更新履歷表……人生充滿了這些你必須思考的事。在生活中，這些大小事全都運作得不露痕跡，除非明顯超載了。因此，我們總是容易低估這些事有多麼讓人筋疲力盡。然而，這是一件大事。事情愈多，你的心力愈感到透支。以電腦類比，這是隨機存取記憶體（RAM）——即工作中的記憶體——它必須保存的資訊愈多，工作效率就愈低。

不會嗎？你一定會。

大多數人已經習慣了讓腦袋大部分的時間都在這些事上面團團轉，一旦超過負荷，將會造成極大的壓力。你務必了解這一點，屆時才能處理得比較好。如果你很忙，就把小事清除，或者以後再做，讓自己從容一點。請注意：假如你在工作上正迎向重大專案的業務巔峰期，別妄想你也能把家中堆積如山的瑣事處理得游刃有餘。請給自己腦袋一些騰空的時段（例如看場電影、靜坐、打電動、喝杯陽光下午茶、陪小狗玩耍），幫助你應付這些瑣事。

而且，也請你永遠記住，這個原則同樣適用於其他人，尤其是你的家人。不要指望你的孩子在考試期間會整理房間*，假使他們想休息，就必須是適當的休息。本法則也順便可以解釋爲何傳統父親不懂母親怎麼會那麼累。母親的筋疲力盡與照顧子女的勞力工作關係不大，而是因爲必須全盤掌握每個孩子的日程表和補給需求，對自己的也是。

*或者，以我的經驗，也可能是不幸遇到其他非常時期。

法則37

與期限為友

你要學會從日程表清空一、兩個星期，降低對自己的期望。

道格拉斯・亞當斯（Douglas Adams）說：「期限飛過時，你會聽見呼嘯的聲音。」我喜歡這個評語。我想，我們都認得出那個聲音。大多數人都曾經錯過期限，而且經常會，原因只是我們忙於根據其他更重大的期限而安排生活。

不過，要是人生沒有各種期限，我不確定是否能夠完成任何事。不論是答應出版社要寫完某本書，或者只是在又餓又累的家人等到睡著前準備好晚餐，期限不僅是無可避免，同時也是激發我們起身工作的動機。

所以，如果能接受「期限本身並不盡然是壞事」，對我們會有所幫助。期限可能會給生活帶來壓力，但是它們有很多方式能與我們爲友。期限協助我們專一致志的方式，是其他方法很難達到的。不知道有多少次，我能夠在期限內完成工作，只是因爲期限在那裡。這眞是太神奇了。

有位朋友很厭惡個人期限，例如出發去度假，因爲她永遠無法完成待辦事項清單。箇中原因是——她也很清楚——每當她開始依清單行事，就會自行增加新項目（這是犯了法則31的典型實例）。比方說，計畫A是在機場買防曬乳，然而在每件事都進行順利之際，她會告訴自己，要是能在出發前先買，那該有多好……於是當下她就多出一趟跑到店裡買防曬乳的行程。或者，她會加入不相關的物品，像是在出發前買禮物送給姑媽，因爲姑媽的生日就在假期結束後一星期。如果她現在先買好，度假回來後可以不用再急著去買。就是這樣，她的待辦事項清單不斷地更新，而她則是煩惱著永遠無法完成該做的事項。

從容應付期限的祕訣，是隨著期限靠近時，能夠把無關緊要的項目從待辦事項清單剔除。我的朋友必須學會在她的清單劃上底線（這是比喻，也是眞的底線），然後把底線上方的項目辦完打勾。如果她想在底線下方添加額外項目，那也悉聽尊便。但是，她應該可以恭喜自己完成了眞正的清單，並且認清其他項目都是可有可無。

大多數人都會犯相同的錯誤，即使不是那麼明顯。遇上有重要的期限出現時，我們會企圖兼顧原有的生活事項。或許是可以等到下星期再做的行政工作或致電、和朋友出去瘋一個晚上，或是想去買菜煮飯，但其實這幾天只吃三明治也能活得很好。我們不願意讓自己從容一點，不肯承認我們需要對自己高抬貴手。

你當然必須及早開始規畫、準備之類的——某些人比較容易做到——但是你也必須預期在重大期限之前讓其他生活退居其次。請不要任意答應其他事情，以免深感壓力，到了最後一分鐘又不得不取消。除了我們此處所說的期限，你要學會從日程表清空一、兩個星期，降低對自己的期望。

法則38

勿沉溺於決策*

任何（合理的）決定，都好過白費時間和心力卻猶豫不決。

有時候想要有條理會變成嚴重的負擔。或許是你必須策畫一次大搬家、工作上有重要的產品要發布，或是正在計畫一場婚禮，有待做決定的事可謂多如牛毛。重大的決定有：應該找搬家公司或是自己動手、發布會應該在哪一天、應該邀請多少賓客？從大決定一路來到小決定：這個缺角的馬克杯要不要留、名牌用什麼字體最適合、麗莎阿姨喜歡坐在露意絲旁邊嗎？

你可能會花上漫長的時間擔心每件事、做盡功課、討論又討論、詳列利弊得失、斟酌所有選項。這些事都需要時間——你這麼忙碌，時間是供應短缺的東西——而且可能搞砸整個作業。你不能等到決定要找搬家公司時才預約、不能等到敲定全部細節才寫新聞稿、不能等到同意設計後才寄出邀請卡。

眞是好樣的！這些事把你弄得頭昏腦脹吧。即使有了前幾條思考法則所教的技巧，然而必須記住的事、該致電聯繫的人、待辦事項、必須配合的期限、必須做的決定，這類事仍然會讓你覺得腦袋被持續不斷地疲勞轟炸。所以，你必須盡可能爲頭腦清出空間，這是目前爲止我們知道應該要做的事（假如你是依序閱讀本書的各條法則），而改進你的決策能力，是達到目的最好的方法。

你必須左思右想的決定愈少，你的腦袋愈清醒，能釋放出來的時間愈多，你也愈不必因爲等候尙未同意或確認的資訊，而耽擱整個流程。當時間拮据、進度表緊迫盯人，做決策是你負擔不起的奢侈品。因此，需要你下決定的事項，不要超過你必須做的。

這個想法需要自覺地轉變心態，接受一個事實：任何（合理的）決定，都好過白費時間和心力卻猶豫不決。請把眞正重要而必須做決定的事項找出來，給予它們應有的時間。但願它們都能迅速敲定，然而，如果這些都是重要事項，你就必須深思熟慮。當然，我並非暗示你用丟硬幣決定結婚會場。可是，有好多事都可以靠丟銅板決定。我們應該把用一半的香皂、沐浴乳、洗髮精用盒子裝起來，帶到新家用嗎？還是搬過去再買新的？這有差別嗎？假使你不知道答案，比較好的作法是繼續打包，不要花時間和大腦空間去想。

產品發表會的來賓名牌能做得很得體，是一件重要的事。不過，當你把範圍縮小到兩種顏色或三種字體……喔，就快點去做吧！這幾種看起來都很不錯。你還有很多重要的事必須去做。

你的作法必須是有意識爲之才辦得到，因爲被你掩蓋的決策，可能在其他場合是必須花更多時間決定的，如果現在就專心處理似乎比較合理。

然而，請你想一想**，此時此地，花時間在這些決策上並非明智之舉。

*沒錯，這是關於「條理井然的思考」的法則，不是關於決策。此處所談的，與如何做決策沒有一點關係。

**但是，別想太久了。

法則39

用創意進行條理化

你組織生活的方法，再怎麼天馬行空、異想天開都行。

清單、行事曆、備忘錄、線上日程表、彈出式通知……大家會使用林林總總的標準方式組織自己的生活，它們對某些人或是在某些時候有用。但請不要被耍了，以為這些就是你的全部選項。假如沒有一種能滿足你的特定目的，就去尋找其他方式來組織自己的生活。

我的某位家族成員有一招萬無一失的非典型技術，能夠記住那些臨睡前才會突然想到的事。他會將牙刷上下顛倒放，隔天早晨起床後，他看到反放的牙刷，就會立即想起那件事。顯然這一招向來皆無虛發。我個人相信，我會盯著牙刷看上半天，搞不清楚我究竟應該想起什麼事。但是這麼做對他有用。

我不知道他是如何想到這個點子的，但確實富有創意。這就是重點，你組織生活的方法，再怎麼天馬行空、異想天開都行。只要是對你有用的，儘管去做，沒有法則可以束縛你。*不要陷在框架中，以爲你的選項只有待辦事項清單、日程表或嗡嗡作響的通知。

我認識一個孩子，他患有運用障礙及泛自閉症障礙。這個特殊的小孩生性聰明，目前就讀主流學校，但是組織化的事物讓他很痛苦，因爲他的大腦協調方式跟大多數人都不一樣。所以，他的家人發揮高度創意，想出方法幫助他在學校記住必須做的事，像是把遊戲包帶回家、前往午間社團，或是繳交作業。

這名孩子也學會發展自己的策略。他會根據想要組織的事情，以不同顏色編碼，在書包繫上絲帶，或是在手機設定計時器（有時候需要有人協助提醒他設定通知功能）。有時，他所條列的清單是我們通常不需要的，例如詳列每天上學必須攜帶的物品，大部分小孩只需按照課程表，就能知道該帶什麼。有時，他談到不同的事情會切換語調，因爲這麼做能幫助他在腦中區別這些事。

當然，患有泛自閉症障礙及運用障礙的人，往往特別擅長這類組織思考方式，但是這並不代表其他人做不到。

許多人使用書寫以外的媒介更有功效，在這種情況下，其他方法往往比待辦事項清單、行事曆及便利貼更好用。

假使你有音樂才能，或許能利用這項特色幫你記住事情，像是把通知編成一首歌。對某些人來說，使用顏色或視覺化能有更好的效果。如果你看見自己烤蛋糕，每一個動作都按部就班，那麼比起寫清單，也許這是更容易的方法，能幫助你在上超市時記得要買什麼。

所以，想輔助記憶時，切勿侷限在傳統的策略，除非你能夠確定那是對你最有效的作法。找出對你有幫助的記憶方式即可，何必在乎它對別人有沒有用？

＊本法則例外。

Chapter 5 發揮創意思考！

Thinking Creatively

這是本書很有趣的部分。你正在設計新產品、安排宴會、裝潢房子、重新組織你的工作量、規畫假期，或者創作音樂。你正恭候靈感從天而降……然而，當你等待著靈感找上門時，其實可以靠思考達到目的。正如湯瑪斯・愛迪生（Thomas Edison）所言：「天才是一分靈感加上九十九分努力。」你並不需要我幫你獲得靈感，但是我能爲你其他百分之九十九的努力指出正確的方向。

我觀察過一些正在工作中的出色創意思考者，也跟他們聊過，親眼見到他們如何運作。經過這些年，我領悟了他們心照不宣的思考法則。他們遵守這些法則，解放了心靈，讓百分之一的靈感自動大駕光臨。我確實也應用了這些法則。對少數幸運兒來說，創意的想法自然而然就出現了，可是其他人並沒有因此被靈感拒於千里之外。我們只是需要訓練自己的心智，一旦養成正確的思考習慣，你將發現靈感也會自動找上你。

創意思考是去注意思想把你帶往何方，如此而已。或許你知道自己是從哪裡出發的，至於你的終點何在，卻是毫無頭緒。所以，你需要的思考方式，是能夠爲你打開各種可能性，或者把玩觀念，而這些都是你以前未曾想過的。如果你能以最佳方式使用大腦，並且開啓夠多的門窗，靈感女神就更容易登堂入室了。

法則40

訓練大腦

假如你看不到機會，就創造一個。

假如你手上有一個必須發揮創意的專案——可能你已經因爲這個理由先翻到這一頁了——希望你會覺得以下幾條思考法則對你有用。然而，你眞正需要的，是成爲眞正的創意思考者，每天都能想出大大小小的點子。無論你是創業或只是想實驗食譜，都需要讓創意成爲你的第二天性。

當然，你需要練習。在本書讀一、兩條法則，得到一個聰明的想法，然後直到下一次遇到巨大挑戰之前，都不再使用你的創意腦細胞，這樣對你並沒有好處。如此的作法就像教你的狗學會坐下，卻從此不曾要求牠再做。直到許多年後，你想要牠坐下，才奇怪著牠怎麼不記得你在說什麼。只要你的狗會聽命令坐下，每天都必須要求牠坐下一、兩次，即使你並不需要牠這麼做。如此一來，當你突然需要牠坐下，才能輕鬆不費力。

你的大腦和你的狗差異並不大，假如你需要它以特定方式思考，就必須形成並加強某些神經通道，使你的意念能前往指定的地方。意思就是說，你每天都必須練習創意思考。

麻煩的是，你應該如何將創意思考融入規律的日常生活中？關於洗澡、穿衣和早餐，你能多有創意？關於上班通勤、洗衣服或是餵貓，你的想像力範圍有多大？事實上，你會嚇一跳……

陷在心智的慣例中並沒有關係。你的大腦很難以正常規範之外的方式思考，原因在於那些深層的僵化模式。一旦你訓練大腦以不同方式思考小事，大腦也會開始爬出其他老套習性。所以，稍微調整一下生活吧：打破規律、嘗試一點不一樣的、走一條新路線去上班、到不同公園遛狗、沖澡時面向另一邊、煮一道沒吃過的菜、到不同地方度假。最重要的是，請正常地「不正常」。

這些事有的很小，有的沒那麼小。它們累積下來，就能訓練你的大腦不會先入爲主、能以不同方式看事情、期待出乎意料的事。同時，你應該抓住每個能讓你投身其他領域追求創意的機會：寫作、繪畫、演奏或跳舞。你可以志願去布置妹妹的結婚禮堂、爲公司設計參展攤位，或是爲耶誕派對構思主題。

來吧，如果你確實有心成爲眞正的創意思考者，必須先練習創意思考的方法。假如你看不到機會，就創造一個。請讓你的大腦展現一下能耐。如此一來，有朝一日遇到大專案，你的大腦將已準備好大顯身手。

法則41

培養心智

你聽見故事時，情節可能是作者提供的，卻是由你的想像力創造了畫面。

愛因斯坦稱得上是我心目中的英雄，他說過想像力比知識更重要。這句話在今日尤其顚撲不破，因爲如今所有知識就遍布在天地之間，等候我們以鍵盤輕輕召喚，就會降落，無須儲存在人類的大腦。然而，唯獨想像力你無法下載，而想像力是創意思考的關鍵。因此，你眞正必須做的，是盡你所能擴展想像力。

愛因斯坦也曾說過，培養聰明小孩的方法，是朗讀童話故事給他們聽。想進一步提升他們的智力，就應該朗讀更多童話給他們聽。你聽見故事時，情節可能是作者提供的，卻是由你的想像力創造了畫面。若是你自己閱讀，你的想像力更會提供了腔調與聲音。

請幫我一個忙，如果你還不知道莎士比亞的《亨利五世》（*Henry V*），請去找來一讀它的序幕（它就在天地間等著你召喚）。他完美地描繪了想像力的威能以及我們如何利用它。例如，我們甚至能想像劇院的區區四壁「容納法蘭西之廣大的戰場」。人類的想像力是如此非比尋常，如果我們未能盡所有可能使它強大、靈敏而生動，簡直稱得上罪過。

閱讀小說至關重要。而且，順便說一句，如果你想讓孩子發展出卓越的創造力，愛因斯坦的觀點非常重要。你應當盡可能經常朗讀給他們聽，培養他們對書的愛好。只觀看電影是沒有益處的，因爲它爲你代勞了所有想像力的工作。電影固然很偉大，但這是另一回事，它無法取代閱讀以及鼓勵孩子們編造事物。小孩子相信魔法、聖誕老公公和牙仙。如果你從旁協助，他們的信念能持續多年。我有位朋友的孩子深信家貓其實會飛，而且他們很開心父母能合情合理地允許他們保持這個信念。一般父母只會不假思索地說：「別傻了，貓不會飛。」

爲了讓你能創意思考，你需要有想像力。假如我要條列一份清單，告訴你有哪些活動是你發展想像力所需的，我會把閱讀放在第一項。然而，幸好我不必把任何事放到第一項，因爲還有許多方法能夠餵養你的創意心智。例如，閱讀詩歌、隨性寫作、聽你喜歡的音樂，任何風格皆可（而且記得偶爾改變一下，不要僵化了）。有許多聰明過人的喜劇演員，尤其是偏向超現實派的，能強迫你的心智發生意想不到的飛躍、轉折和跳接，讓你的思考突破框架。像「蒙提・派蒙」（Monty Python，譯註：英國知名的超現實喜劇表演團體）以來的喜劇表演，都屬於這一類。

不妨思考一下，許多笑話的基礎，都是設法讓你感到出其不意。它們先建立某個模式，再以出乎預料的方式打破。請讓自己沉浸在這種幽默風格之中，經常跟能逗你哈哈大笑的朋友聚會、觀賞有趣的表演，這是以最讓人樂在其中的方式，鼓勵你的心智能更有創意地思考。

法則42

進入創意思考狀態

你必須了解何時及如何做才會進入最佳思考狀態，並創造你需要的氛圍。

大部分人都沒辦法說做就做，隨手便能啓動創意大腦。假設你正趕赴一場快要遲到的約會，路上突然下起傾盆大雨，而你沒有帶外套，還因爲家裡養的鸚鵡飲食不正常而憂心忡忡，此時的你是沒有辦法做到最佳思考的。

我們必須稍微連哄帶騙，才能激勵大腦進行創意思考。我們大部分時間都在做著某件事，並非只有在思考，這是心智的正常狀態。回想一下你有多麼頻繁地專注於實務工作：談話、煮飯、傳訊息、洗澡、看電視、翻皮夾找東西、在超市挑選蔬菜。我們不會花費大量時間讓心智閒思隨想。有時，你能一邊做其他事，一邊從事創意思考，但假如你無法刻意爲之，心智焦點很快又會回到現實的日常生活。比方說，你能在洗澡時兼做白日夢，然而，看到沐浴乳快要用完時，你很容易就會發現自己正注視著它，思考什麼時候要去採買。

因此，請協助你的大腦進入創意思考狀態。淺酌一下？這並非搭配其他每件事的作法，它值得你特地安排時間來做。所以，請從確定自己能放鬆開始。如果你正在等待著隨時會上門的訪客、五分鐘之後就要開會，或是尿急，想要自由地思考並非易事。

你必須了解何時以及如何做才會進入最佳思考狀態，並且創造你需要的氛圍。如果你還不清楚，測試看看哪種作法對你有用。有些人在散步時最宜於思考，有些人則是在昏暗的房間、在浴室、在健身房，或是聽著特定風格的音樂時。

我想補充的是，有些人是跟其他人在一起時才能思考得最好，這樣也不錯。關於這一點，在「共同思考」單元有更多討論（請見P.221）。但是，有時這麼做是行不通的，或者其他人都沒興趣。因此，身爲眞正善於思考之道的思考者，你必須學會在獨處時也能有創意思考。假如你正是這樣的人，那麼獨自一人思考時把思考內容大聲說出來，會有幫助。

創意思考時的收穫愈多，你的大腦愈能自然而然地配合，不見得每次都必須具備理想的環境。最有創意的心智無論在白天或夜晚都能夠想出天才的點子，即使是處在壓力、忙碌或饑餓的狀態下皆然。這是因爲創意是一個習慣，如果經過充分練習，大腦便能養成這個習慣。這一點我們在前文已經說過了。然而，就如同所有技能，你必須從基礎開始，日後才能進入穩定狀態。

法則 43

開放心胸

在從事消耗體力的活動之前，你都會先做伸展操。心智練習也該如此。

現在，讓我們來做幾個熱身練習，好嗎？在從事消耗體力的活動之前，你都會先做伸展操。心智練習也該如此。你已經進入了創意思考狀態，在專注於當下的創意練習之前，我們先來做一點伸展運動。

你可以做的練習非常多，但選擇什麼卻無關緊要。唯一的例外是，不要一直選相同的事來做，因爲你不希望陷入新的慣例中。你在網路上和書中都可以找到很多建議，或者你也可以適度發揮創意，發明自己的練習。你要做的是持續幾分鐘專注於發散式思考，讓你的心智可以正確運作。

發散式思考是指選取一個起點，然後盡可能往預期之外的方向繼續想。這就是所謂的創意思考，它與收斂式思考完全相反。收斂式思考是將許多串必要的想法彙整，得到單一答案。舉例來說，收斂式思考是你解決數學問題時需要的，卻是產生點子時最不需要的。

假如你問天生的收斂式思考者如何使用磚塊，他們可能會回答你用來蓋房子。然而，發散式思考者或許會告訴你，他們會用磚塊擋門、壓住空垃圾桶以免它被風吹走、打破窗戶、擋住車子不要從山坡往下滑動、打碎成小塊之後放在花盆裡幫助排水，或是圍牆太高時用來墊腳，好觀望牆外的景象。

我們都傾向於學習收斂式或發散式思考方式，但需要時都能運用其中一種。每次在商店計算找回來的零錢時，你是收斂式思考。回答「你想要什麼生日禮物？」時，你可能是用發散式思考。當你想要發揮創意，必須在發散式的心態，這是無庸置疑的。

上述的磚塊問題是很好的練習實例，能打開你的心智，進入想像力思考的準備狀態。請選取一樣普通物品，例如面紙、馬克杯、電話、書、打洞機……嘗試在兩分鐘內想出十種不常見的用途。

如果你總是以這種方式展開思考練習，只是每次改變選取的物品，那麼你會陷入新的慣例中。因此，請找出其他簡易的創意練習，上面的練習偶爾做一次即可。這麼做的目的是要刺激大腦的創意部位，爲眞正的任務做準備。它和唱歌前的開嗓練習，或是用洗髮乳之前先將頭髮淋濕，用意是相同的。

法則44

沒有法則

假如你開始限制思考，便無法讓它自在漫遊。

請繫好安全帶，我們即將從事嚴肅的思考。再想一想……不用繫安全帶啦。無論你選擇何種方式、往哪個方向，假如你開始限制思考，便無法讓它自在漫遊。然而，自在漫遊是創意思考的關鍵。即使是最不可能的路徑、最沒有希望的想法、最意料之外的思考，亦能爲你的尋尋覓覓帶來開悟的時刻。

請注意：如果你的大腦保留了一部分專用於批評自己的創意思考：「那個想法有夠蠢。」「那沒有用啦！」「哇，好啊，你以爲誰會同意？」你注定會失敗。如果那個（或那些）創意想法值得進一步嚴謹分析，你想批評的話，後面有足夠的時間，而屆時是運用你的批判思考技巧，並非創意大腦。

此刻，我們的目標是產生構想，所有想法、任何想法來者不拒。至於判斷它們好不好、可不可行、會不會受歡迎、能否負擔得起，就留待後面的時間去做。即使是看起來最差的點子，也可能演變成聰明的想法，但如果你在開始之前就否決它，那就毫無機會了。萊納斯・鮑林（Linus Pauling）說過：「想要得到好構想的話，你必須有許多想法。」他是史上僅有的兩人之一，能夠在兩個不同領域兩度獲得諾貝爾獎*，因此他覺得有用的，對我也會有用。我並沒有說你的所有想法都是聰明過人的，或者它們都會演變成聰明的想法，但假使你在這個階段進行審查，一定會刪除某些不應該被淘汰的。

我有位朋友想到，如果能說服人們重複使用禮品包裝紙，會是對環境十分友善的作法。這聽起來好像是個很無用的念頭，因爲要是做得到的話，我們早就在做了。既能省錢又環保，我們怎會不做呢？另一個原因是包裝紙容易被撕破、弄皺，而且許多人在拆開禮物時會把它撕成碎片。

大多數人會將這個想法棄如敝屣，然後繼續過各自的生活。但是，我的朋友可不是，她現在正經營一份成功的事業，專門製造可重複使用的包裝紙。她反轉這個想法，從改變一般人的態度轉爲改變紙張本身。如果她對這個想法像對包裝紙一樣，把它揉壞、撕碎，那就萬事不可能了。

因此，在這個階段，你要盡力只產生想法而不予置評。更重要的是，如果你的大腦是同時以兩種模式運作——想像與分析——它的效率不如你任由它獨自進行創意思考，沒有受到阻礙。否則，就會像是同時以空檔和第五檔開車，你會兩種都做不好，或者最後會跑進三檔，仍然不是你眞正想要的。

如果你希望能產生大量的想法，一個很好的作法是找個方式將它們記下來，你不必擔心會忘記，也不會因爲焦慮而阻礙了思考的自由流動。一旦這些思考皆已記在紙上或是語音檔，你就能繼續想下去，不必隨時覺得應該緊抓住前一個想法以免忘記。

＊不用問，直接告訴你另一位是瑪麗・居禮（Marie Curie）。

法則 45

跳出框架

只要你知道框架位在何處，那麼跳出框架思考的容易程度，是筆墨難以形容的。

許多人會激勵你要「跳出框架思考」，有大量策略即是針對如何達到這個目標，其中很多策略均極爲傑出、富於成效，的確大有幫助。然而，它們大部分未能做到的，是說清楚、講明白你應該跳出的那個「框架」是什麼。

廣泛來說，我們當然知道它是什麼。框架代表依循常見的車轍進行刻板思考，前往該車轍一向會抵達的相同地點。但是，具體來說它是什麼？我是指以個別專案或是你正在採行的創意練習而言，它是什麼？

這個問題的答案會因時因地而異，但是你會提出這個問題嗎？那些策略似乎獨缺這一頁，但它卻是絕對重要的問題。只要你能知道框架位在何處，那麼跳出框架思考的容易程度，是筆墨難以形容的。所以，請將這個問題做為你的起點。

在商業領域，跳出框架思考就能發揮良好效果，因為它讓你具有競爭優勢。我在路上見到的所有烘焙店，都是位在市中心（我猜你的情況也是）。所有人都聚在那裡，因此如果你想開一家烘焙店，或許還附設咖啡部，也會選在市中心。然而，回溯幾年前，便曾經有人跳出框架之外思考，在郊外的小型工業區開設一家附有咖啡部的烘焙店。工業區的人潮沒有多到能養活它，因此它的前景堪憂。如今它是那個地區最知名的烘焙店，而且它的咖啡部經常高朋滿座。

為什麼？除了它有美味食品，郊區的停車條件也是市中心無法相提並論的。所以，它成為相約見面的更好地點。那些烘焙師看出「開在市中心」的框架，並且跳了出來。

別忘了，你可能是同時在好幾個框架內思考（其實我不知道那是什麼樣子，我猜應該像俄羅斯娃娃吧）。或許你正在籌畫婚宴，那麼你的框架會是「宴會廳」——

能在別的場所舉辦嗎？先等一下，你同時也在「婚宴」的框架裡。請你也嘗試跳出這個框架。當然，「結婚」也是框架。到了最後，你固然有可能還是結了婚並且在宴會廳舉辦婚宴，可是，你也能選擇私奔、結婚之後再招待所有人大吃一頓，或是找兩名朋友當見證人去辦公證結婚，然後度蜜月（這當然也是「框架」），回來之後再舉辦一場狂歡派對。或者，你也可以什麼都不做。

不要因爲你已經跳出框架，便以爲你不能選擇再度跳回去。但是，至少應該瞄一眼框架外的世界，再判斷自己是否眞的喜歡那個框架，或者你之所以會在那個框架內思考，只不過是由於它在哪裡。看到了嗎？即使你回到原框架中，可是因爲你曾經在框架外待了一會兒，視野已經寬廣許多。既然你知道框架外是什麼，這個框架已彷彿變成透明的。比起打從一開始就盲目地守在框架之內，很有可能往後你所產生的想法，會變得更有創意、有趣而令人欣喜。

法則 46

像別人那樣思考

發散式思考能帶你到任何地方，而且必然非常有趣、充滿創意。

你正坐在燈光美、氣氛佳的房間裡；剛在外面跑步後回來；或是正要去整理花園，總之，現在正是可以進行想像力思考的恰當心情。你已經找出框架的所在，也已經跳出框架。你準備好了不批評、不挑剔的態度，願意讓每個想法盡情發揮。那麼，現在該做什麼？

你要從何處開始呢？如果你完全清空了心智，可能會沉沉入睡或是開始無所事事地空想。你必須往某個方向開始想，然後跟隨那些想法。你要它們往你通常不會走的方向前進，顯而易見，是要讓它們有機會抵達某個新穎、有趣、前所未有、引人入勝之境。

啓程出發的最佳方式之一，是從別人的觀點檢視你的專案。只要有一點相關，任何人的都可行，因爲這個觀點除了做爲起點，不一定要有更多用途。所以，假如你是想爲自己的事業增加新服務項目，不妨從顧客的觀點來思考：他們會感興趣嗎？爲何不感興趣？什麼服務會讓他們感興趣？他們會在何時或何地接收到資訊？他們相信嗎？如何做最能吸引他們注意？

假如你正規畫要在宴會廳舉行婚宴（如果還是在宴會廳，如果你堅持結婚），請從賓客的觀點開始想像，以他們的觀點來看，何謂成功或失敗的婚宴？等候的時間有多長？菜色如何？節目進行時，他們能不能清楚看到、聽到？他們還認識誰？他們盛裝打扮的機會有多大？

這些都是直截了當的問題，但是重點並非得到黑白分明的答案，而是用全新的觀點思考。例如，你可能會決定把婚宴的焦點集中於老朋友相聚一堂、吃一頓永生難忘的美味佳餚，或是你想安排活動，讓所有人都覺得有參與感……每一個想法都會驅使你前往截然不同的活動，請跟隨這些線索，盡量跟隨它們，這一點非常重要。最後，你可能會要求每個人提供一段自己比較年輕時的三十秒短片、讓所有賓客在婚禮進行中異口同聲地問：「你願意娶她爲妻嗎？」或是用亮晶晶的繩子從天花板把食物垂吊下來——我不知道。這也是重點：我不知道，你也不知道，你試了才會知道。發散式思考能帶你到任何地方，而且必然非常有趣、充滿創意。稍後你可能會把想法拉回來一點，也可能不會。

我最近讀到的一篇新聞報導說，有一家冰淇淋店想要推出歡樂耶誕節口味冰淇淋。他們自問，大家喜歡在耶誕節吃到什麼東西，後來想到了「豬包毯（pigs-in-blankets）冰淇淋」的點子*。這聽起來很噁心，但是他們著手進行。令人意外的是，記者居然說找不到不喜歡吃的人，後來它也登上全國版的新聞。

*「豬包毯」是用培根捲小香腸製成的食品，我不曉得對他們來說這算不算是英國特有的料理。

法則 47

建立連結

魚。幸福。頭套。全球暖化。馬克思哲學。郵票。

隨機抓一本詞典，再隨機挑一個詞。

假如你希望開啓一條新管道，是你的思考從未走過的路線，其中一個方法是，給自己一個起點和一個終點，而這兩點之間是你不曾來往過的。於是，你必須走一條新路線才行。如果你沒有去過西非的廷布克圖市（Timbuktu），除非走上從來沒有走過的路（即使是從家門口出發），否則你永遠無法抵達。

你的大腦亦然，請讓它走上新路線。如此一來，不僅對你當下的創意挑戰有幫助，還能鍛鍊你的整體創意腦，一舉兩得。以你家門口到廷布克圖市來說，如果路程兩端有一個是你熟悉的，其實沒有關係。現在請你從正在思考的專案中挑出一個重點：重新裝潢客廳、創作音樂、籌備活動，或是設計宣傳廣告，然後你打算選擇什麼當作另外一端？

魚。幸福。頭套。全球暖化。馬克思哲學。郵票。隨機抓一本詞典，再隨機挑一個詞。沒錯，眞的是這樣做。試著找出你的專案和任何事物之間的關聯。請挑選一個對象，接下來讓你的心智展開一番漫遊。「郵票」一詞會讓你想到什麼？它很小、黏貼到某個東西上面、通常只有一個顏色、有扇形邊緣、用洞洞板裝著……現在從其中挑出幾樣特色，嘗試應用到你的專案，這可能讓你做到天荒地老也做不完。但是，舉例來說，你可以把扇形邊緣應用到窗簾或座墊、客廳保持單色調，或是用轉印貼紙印在牆上。

若是你當初選擇走習以爲常的路線，能夠得到這些想法嗎？看到了吧？到了最後，你可能會深入發展其中某個觀念，深入到只有你能看出它和郵票之間的關聯。這一點無關緊要，重要的是你已經開啓無數可能性。若不是你一開始就強力促使大腦在兩個以往毫無關聯的對象之間打造一條路線，你是不可能得到這個收穫的。

當然，你不會把郵票的各個面向所激發的想法通通派上用場，如果你眞的這麼做，客廳會一團亂。事實上，假如我也做相同的練習，你得到的想法並不會跟我得到的那些一樣。或者，即使你在昨天做過一次，今天在完全不同的心境下試做一次，結果也會大異其趣。那又如何？此練習的目的是強迫自己用創意、新穎、與眾不同的方式思考。你不僅能夠得到極具原創風格、充滿啓發的客廳（或宣傳廣告/活動/音樂作品），也成功鼓勵了自己的心智，能夠使用更有創意和自由發想的方式思考。

法則48 犯錯

創意思考沒有是非對錯可言。

3M公司曾經要開發一款新的強力接著劑，但有人犯了錯，製造出黏性很弱的膠水。你用它來黏東西，它們只會各走各的路。所以那是個無用、絕望的愚蠢錯誤嗎？並非如此，它正是Post-it®便利貼的起源。

生物學家亞歷山大．弗萊明（Alexander Fleming）在培養皿培養細菌時曾經遭遇麻煩，因爲有一種特殊黴菌具有跟細菌一起生長的習性，並且會破壞細菌。這是不斷破壞實驗、讓人沮喪的錯誤嗎？非也，當他決定更深入研究這個「錯誤」後，該黴菌反而變得有用處，他將之命名爲「盤尼西林」。

創意的最大阻礙之一，是害怕犯錯。事實上，創意思考沒有是非對錯可言，但是我們從小就被教導「要把事情做對」、「不可以犯錯」。還記得你在課堂上交作業的情形嗎？你犯了錯，老師發回時就會給你低分。我們對錯誤大驚小怪，總是盡一切可能想在人生的所有領域避免犯錯。這種心態在我們的文化中根深柢固。

這是創意思考的大敵。正因爲擔心會弄壞、搞砸、犯錯，害我們不敢大膽實驗，以致放棄了創意。在一九二〇年代，亞歷山大·弗萊明並非唯一從事細菌培養的科學家。許多科學家都犯著相同的「錯誤」，而且他們一向都是依照從小就學會的方式處理錯誤：丟掉、掩飾、擺脫它們，然後重新開始。我無法說出這些科學家的大名，因爲他們沒有人發現盤尼西林。

發明家能開發出一項新產品，乃是歷經了無數個發展階段與原型。有時，在正式投入市場之前，或許曾經有過數十個乃至數百個版本。那麼，爲何不把第一個原型拿出來賣？因爲它還無法正常運作。事實上，它可能一無是處。但是，我們能說它是錯誤嗎？當然不可以，它只不過是創造一項成功產品之前，必須走過的一個步驟。假如它的發明者相信初期的錯誤即代表失敗，而且終究應該放棄，我們將不會有汽車、手機、縫紉機、割草機、影印機。

可以確定的是，錯誤正在向你傳達訊息，你最好洗耳恭聽。但是，它並非在說你是失敗者，而是告訴你：你找到了成功之路的一個障礙，你需要做的，只是克服或避開每個障礙，就會獲得成功。

不止如此，每一個障礙都會強迫你發揮創意思考，找出解決之道。意思就是，你必須在專案中投入更多原創性及想像力。若是沒有任何「錯誤」，就不會有這樣的機會，所以「錯誤」只會是好事一樁。關於解決問題，本書稍後會更詳細討論。此處所要表達的是，請你樂於接納錯誤，不要畏縮而逃避犯錯的風險。

法則49

別管其他人

你不可以總是擔心其他人會怎麼想。

經過多年觀察，我發現認識的人裡，最有創意的往往都有天生反骨的性格。這並不是一條堅不可摧的通則——正反雙方都有一些例外——但是，這個觀察心得對我而言是說得通的。從發現控制火的方法、正確製作矛，乃至現代世界的種種發明，人類需要發明家來驅動進步。

然而，有太多發明家是無法成事的，因爲他們會爲了自己的想法而爭執不休，不願接納別人的構想。世界也需要普羅大眾（絕大多數的人），他們樂於集體接受這些構想，而且使之發揮作用。這些人或許無法因爲創意而鶴立雞群，但他們是社會的骨幹，事實上是他們在推動改變而奠定人類的進步。

大多數人主要都是藉由適應、歸屬與服從而獲得滿足感。因爲如此，他們才能集體接納某個新構想、與他人採取同樣的方式利用新構想，並且通力合作使新構想能有效施行。

然而，假如你是天生的發明家（或是自學而成的），不可以總是擔心其他人會怎麼想。大多數人都抗拒改變，如果你聽從他們的話，只會被說服而放棄讓你感到興奮不已的新創意。梅雷迪斯．貝爾賓（Meredith Belbin）博士研究團隊角色，將產生創意的人稱爲「智多星」（Plant）。貝爾賓指出，這些人通常難以適應階級組織、應付僵化制度或官僚體系。他們可能是獨來獨往、卓爾不群，甚至是搗蛋大王。簡單來說，一個能夠不斷進步、具有效能的社會，其絕大多數人必須是服從者，再加上少數不隨波逐流的創意人。

不要因爲某個人缺乏服從的本性，就以爲他永遠不會服從。幾乎沒有人是從不服從的，假如你在早晨換衣服、刷牙、開車靠正確的一邊行駛，都是正在服從。然而，這些人並非爲了服從而服從，因爲他們不像大多數人，能夠從歸屬和適應中得到那麼多樂趣。

以他們產生點子的能力而言，這一點非常重要，因爲他們必須讓自己的創造力無拘無束。假如你認爲其他人不會同意你的想法，或是會因此感到不悅，你就不會說出任何牴觸規範的想法，你的創新能力便是因此嚴重受阻。

所以，如果你眞的想發展創意思考技巧，必須對此有心理準備。假使你天生就是易於服從的個性，而且樂於和其他人相處融洽，那麼你應該讓臉皮變厚一點。你不見得要傷害別人的感受，或是表現得冷酷無情，但是想法會帶來創新，創新會造成改變。即使長遠來說人們普遍都能接受改變，但短期而言他們會心生排斥。你不能因此放棄。

Chapter 6 如何解決問題？

Problem Solving

如果你遇到實際的問題，必須以創意思考方式解決。不過，本單元的內容是從創意思考單元分割出來的，因爲解決問題和創意思考的不同之處，在於前者是被動回應的，無法選擇。由於有某種障礙迫在眉捷，你不得不設法解決，以便通過、跨過、穿越或是繞過它。爲了達成目的，你必須戴上思考帽，別無他路可走。

上一個單元是關於享受想法的樂趣，並且看看它們會把你帶到哪裡，現在則是你已經明確知道必須前往何處，問題是要如何才能到達那裡。你知道必須降低成本、修復戀情、應付過量的工作，或是解決你必須同時出現在兩地的行程衝突。不管問題是大是小，都不是單憑刻苦耐勞、交際手腕或金錢就可以解決的。你得有實際的想法，找出解決的途徑，而袖手旁觀並不在選項之中。

因此，你需要一套思考法則，幫助你用正確的思考方式處理這些狀況。本單元和創意思考當然有所重疊，但是也有一些思考方式是特別針對解決問題的。本單元將要介紹的，就是這些法則。

法則50 杜絕情緒干擾

你必須讓大腦的創意部位不受干擾地運作。

無論遭遇怎樣的問題，你都必須靠清晰而有條不紊的心智才能處理。我們在法則42看到，唯有處於正確的心智狀態才能有創意地思考，這個原則在此處同樣適用。但是更大的困難在於：當你遇到問題時，心智很可能會塞滿各種負面情緒，這些情況對你有害無益。

你在其他方面的生活過得如何是一回事，而你正企圖想要解決的問題可能把你搞得沮喪、憤怒、憂慮、壓力大、不快樂。不幸的是——也確實不公平——這些情緒只會讓你更難想出解決方法。你必須讓大腦的創意部位不受干擾地運作，而負面情緒正是極大的干擾。

如果你正感到憂慮，我知道最糟糕的是有人對你說「別擔心」，其他像「別生氣」、「別難過」、「冷靜下來」*也差不多。平心而論，由你自己說這些話應該比聽別人說來得容易一些，但要做到卻很困難。此處沒有仙丹妙藥，但我可以給你一些祕訣。

首先，創造正確的氛圍同樣會有幫助。不論你必須找到解決方案的壓力有多大，如果你能盡量消除壓力，更有可能達到目的。所以，出門跑步、找個安靜的房間小坐，或是聽聽活潑的音樂都好。如果無法選擇這麼做，至少可以關掉手機鈴聲、電子郵件通知、把門關起來、待在你的車上，爲自己製造一點空間。

有些事能爲你短暫清空心智，例如聽音樂、玩填字遊戲、數獨，或是各種形式的靜心（我所指的包括園藝、瑜伽、繪畫……），這些活動能幫你從惱人的情緒轉移注意力。

如果能以合理的手段爲自己買到時間，那就去買。時間是巨大的壓力，還會使原有的焦慮及壓力更加惡化。即使緩和時間壓力無法一舉解決全部問題，至少能有所幫助。對某些特定的問題來說，等待具有很不錯的效果。例如憤怒，隔天或一星期之後你或許會比較平靜。時間也能讓你看得更透徹，乍看之下某些很棘手的問題，一段時間之後說不定會變得容易一點，或者沒那麼重要了。有時，如果你等得夠久，問題也許會自行解決。我並非為拖延辯護，但假如等待不會造成更嚴重的困難，有何不可？

假如你正當情緒衝腦，無法得到真正滿意的解決方法，那麼，做得到的話起碼可以先想出權宜之計、B計畫。你並沒有停止尋找更佳方案，但是你知道已經有個還不錯的應付之道，這樣既能夠減輕壓力，也是適當的替代選擇。

最後一點，請相信天無絕人之路。如果你相信當腦袋裡冒出解決方案之時，問題即可獲得改善，你會因此感到更愉快、平靜且放鬆很多。再者，只要你相信有辦法解決，就會有辦法解決（請參見法則39）。

＊縱觀人類歷史，這句話曾經讓人平靜一點嗎？我深表懷疑。

法則51

解決真正的問題

當情況只有一個結果時，你需要彈性應變、誠實和自我覺察，可能也需要相當的膽量。

很多年前，一位朋友陷入了嚴重的財務危機。當時正處於經濟衰退期間，最後他背了龐大的房貸，那是他房產實際價值的兩倍。此外，還有信用卡帳單、水電瓦斯帳單，以及剛剛倒閉的公司。

每次我看到他，總是聽他說起更多故事，都是關於查封官找上門、銀行恐嚇信或送到家門口的最後通牒之類的。他束手無策，不知道該如何解決這些困難。他已經清償所有小額債務，如今只剩下欠銀行、房屋互助協會，以及水電瓦斯等方面的大筆債務。我建議他申請宣告破產（我確定自己不是唯一這樣建議的人），他可以藉此消去所有負債，重新做人，雖然有兩、三年的財務限制，但是他受到的財務限制再多，也不會比當時更多。

他拒絕這個提議，因爲他覺得破產是個污點，下定決心要找出解決困境的辦法。這樣的情況持續了幾個月，他愈來愈憂鬱，壓力也日益沉重，而且，拜利息之賜，債務也逐步高升。

猜猜看最後的結局爲何？是的，你猜對了，最後他不得不宣告破產。首先，他從未眞正解決問題，一直企圖逃避無法逃避的事。在他的內心深處，明知道自己的財務黑洞完全沒有出路，卻自欺欺人，將他的狀況解釋爲問題，而非不可避免的結果。

有趣的是，一旦他屈服而著手辦理自願破產，隨即感到如釋重負。他停止讓沉重的情緒負擔繼續如影隨形，不再企圖逃避無法避免的結果，整個人立即振作起來。相較於眞正的破產本身，這場毫無勝算的戰鬥更是耗費精力且令人沮喪。他付出將近一年的生命活在愁雲慘霧中，最後一無所獲，悔不當初地想，當自己弄清楚這是一場不可能獲勝的戰鬥時，就應該立刻宣告破產。

我知道前面說過要你相信天無絕人之路，但是你必須解決眞正的問題，而非必然性。當然你可能會主張，我朋友的個案算是有解決方法的：那就是宣告破產。然而，那是通常會發生的結果，再多創意思考也無力回天，無法以務實或可取的方式避免（或許他可以潛逃到海外，不過那可是相當激烈的手段）。當情況只有一個可能的結果時，你必須承認這是不需要解題技巧的。在這種情況下，需要彈性應變、誠實和自我覺察，可能也需要相當的膽量。不要自欺欺人，以爲還有別的出路。

法則52 要抓對問題

紊亂的思考是大敵。

對許多出色的思考來說，起始點是在心中清楚定義你正在做什麼。紊亂的思考是大敵，因爲它最多只能讓你徒勞無功，而最糟糕的結果則是提油救火，把你帶到比一開始更大的麻煩之中。當你正在思考如何脫離困境時，這一點尤其千眞萬確。

你務必知道問題究竟是什麼，以及爲何需要解決它。這麼說吧，假設你即將前往度假，家人的行李全都搬上車了。你已經鎖好門窗，隨時可以出發。然而，這時讓你感到萬分沮喪的是，車子竟然發不動。你該如何解決問題？

等一下，哪個問題？在此處我能看見兩個問題：事實一，車子不能發動，以及事實二，你應該現身某個地方。如果你想解決第一個問題，你會取出工具、掀開引擎蓋，或是打電話找修車廠。這麼做可能有用，或者也可能發現你需要某個零件，但是訂的貨最快明天才能送到。所以，你必須到處打電話找到可能會修的人、打給旅行目的地說要延期到明天或後天、把行李卸下車、去採買食物（因爲屋子裡已經沒有食物了）等。

或者你可能想解決另一個問題，也就是你應該在別處卻卡在這裡。若是選這個問題的話，當你確定車子無法快速修好，就必須馬上全力找出替代方案，前往等著你的度假地。你可以等到返家再修車，到時候你需要的零件應該已經送到了。甚至可以交代某人，趁你不在家的期間修好它。那麼，你能負擔租車費嗎？也許你能借一輛車來用？你抵達以後需要用車嗎？還是你可以改搭火車或遊覽車？你的問題完全不同了。

想要解決哪一個問題，由你自己作主。但是，假使你未經過適當思考，如何把握你是在解決正確的問題？你遇到的問題千頭萬緒，好多個讓人心煩或是瑣碎的問題混合成一個雜亂的大問題。想要獲得解決對策，唯一有效的途徑是先把眾多難分難解的結梳理清楚。然後，判斷你必須控制哪一個問題，或至少是必須優先控制的。解決了該議題，往往也能順便解決其他部分的問題，或是讓你有更好的條件處理它們。

有許多原因會導致你看不透這一點，其中最容易發生的，是某個次要問題非常緊急。例如，遇到車子故障時，我們會本能地認為必須盡速檢修，而其他一切事項則必須順延，等車子修好再說。然而，若是你能創造一個好幾天不必用車的情況，幾天不修車又有什麼關係？

法則53

放鬆

我們要在競爭中領先群倫，以最好的方法解決困難。

我記得有一次工作上的小組討論中，我們應該進行的是腦力激盪，協助員工感到被賞識。腦力激盪的觀念當然是把想法當作跳板而來者不拒，當下並非挑剔批評的時機。但有一位成員幾乎對每個提議都抱持負面態度。他偏愛的表達方式是「那個沒用」以及「我們以前都是這麼做」。我問他自己的想法，他一個也說不出來。

這次經驗讓我印象深刻，因爲這是我見過的僵化思考中，最爲極端的實例之一。我說的這位同事，他無法跳出自己的心態看事情，缺乏能力想像超出自己經驗以外的解決方案。他跟其他衆人一樣敏銳，看得出在艱辛的一年裡大家所付出的心血，他並非不認同我們的目標，只是思考非常墨守成規，對於事情應該如何解決，無法放下先入爲主的成見。

如果你是眞心想要成爲掌握思考之道的思考者，這種態度並無益處。你必須能放下、放鬆，欣然接受改變、差異及新觀念。當然不是全部的新想法都會有用，可是你必須對那些有用的想法保持心胸開放。

有一點我可以擔保：假使永遠只是因循以前所做的，你將會一事無成。你會停滯不前、被過去束縛、深陷在一成不變的泥淖中。即使這個模式恰巧能夠滿足你的需求，然而，讓事情做得更好的無數可能性，完全被你拒於千里之外。當你的情況不順遂時，僵固的思考會阻礙你找出幫自己脫困的新方法。不論你的問題是關於財務、感情、生活或是工作，如此自我設限的代價，是你負擔不起的。

世界變動不居，今天你在工作或家庭上所承受的壓力，都會不同於昨天。因此，老套的解決辦法不必然是最好的因應之道，也可能已經完全不可行。五十年前，若是你有緊急訊息必須傳送，你會發電報給對方，如今已全然行不通了。幸虧有一些具有創新思考能力的人，對新點子保持心胸開放，並且發明簡訊技術。

沒錯，我是以極端的例子來表達觀點。但是，從電報到簡訊不是一夜之間就發生的。有些人抵制科技改變的時間比其他人更長，也逐漸落後於其他人，直到最後他們終於必須改弦更張。你我都不想到了最後才跟上吧。我們要在競爭中領先群倫，以最好的方法解決困難，而非攤開以前用過的有限方法，從中挑出比較不爛的來用。我們要的是全盤沒有保留的選項，不需要對自己添加無謂的限制。

因此，從今以後，像「我們以前都是這麼做的」這類說詞，一律都在禁止之列，不只不可以說，連想都不要去想。如此一來，你才有能力抵抗那些僵化而沒有彈性的思考方式，避免無法有效解決問題。

法則54 不勉強接受第一個答案

視每個想法為起點，而非終點。

大多數問題的答案都不只有一個。如果我穿著外套而氣溫開始升高，弄得我熱汗直流，我可以把袖子剪掉，讓自己涼爽一點。這是一個辦法，卻不是最好的。如果我再多想一下，可能會想到把外套脫掉。

你的財務問題、工作上的進退兩難、你和孩子總是互相對吼，或是你的母親如今確實無法獨居，這些困難都有一個以上的解決方式。而且，最好的答案不見得是第一個想到的那個。

你想到的第一個答案確實很有用。我在前文曾經暗示過這一點：準備B計畫對於去除壓力具有神效。B計畫能釋放你的心智，讓你更有創意地思考。所以，一定要記下你想到的任何答案，直到更好的答案成形。即使這個較佳的解決方案是另一個新的B計畫。

請注意，想找到眞正滿意的方法來解決問題，可能需要花上一段時間。請勿期望速戰速決，否則你會以爲當下出現的想法就是最好的。有一套祕訣能讓你的人生得過且過：每次遇到困難時，你都選擇那個只是還不錯卻沒有其他優點的選項。你眞的打算如此過一生嗎？你認爲這就是通往成功、幸福之路？

如果只是輕微的問題，不必想這麼多也無所謂。但是請你記住，我們的目的是培養良好的思考習慣。如果你訓練心智每次都以最佳方式思考，那麼在遇到舉足輕重的大事時，它也會以最佳方式思考。唯有最佳的思考方式，能帶來最佳——而不是最快速——的結果。

那麼，你如何知道已經找到眞正、最好的解決辦法？這個答案一言難盡，但是有一些跡象可循。你尋找的答案是能夠解決正確問題的，但它不是大部分的問題，而是影響最大的那個問題。比如說，當你在思考如何安排年邁的母親，她的快樂（我希望）是有待解決的最重要問題，無法達到這個目標的就不予考慮。你需要條列出完善解決方案的（心理或生理）重要條件清單，外加更好條件的清單。

並且，請遵守這個原則：無論你想到怎樣的解決方案，請告訴自己：「這是一個很不錯的起點，我能從此處走到哪裡？」換句話說，視每個想法爲起點，而非終點，隨時設法將你的第一個想法發展成更好的構想。假如你的第一個想法能夠改良，也不可以讓它成爲你僅有的途徑。請記住：可能還有其他想法、其他跳板，能帶你前往更多值得考慮的不同方向。如果想法還有進步的空間，它就不是最好的解決方案。

有時候你運氣好，不必再想就知道找到了正確的解決方案。這時，你的反應比較像是直覺，此直覺受到了之前的思考影響，才能在遇到正確的答案時，一眼就看出來。

法則55

好像有道理的觀點，都值得想一想

當別人提出來的想法是你從未想過的，請你欣然接納。

只要能夠解決煩人的問題，你的想法來自何方並無關緊要。所以，不應該限制你的作法。你當然會獨立進行大量思考，你也可能會詢問專家，或是你經常求助的可靠同事、家人或朋友。但是，請你記住，想要避免常規、慣例式的思考是極其困難的，不是只有你我才會犯這個毛病，你最好的朋友、老闆、伴侶、同事、母親，也是依循著自己的習性在思考。

假設你被問題困擾時，總是會詢問另一半的意見。這麼做確實有助於把你拉出個人的思考習性，然而，對方只不過是把你拉進他的思考習性。所以，現在你有兩個思考習性了。沒錯，這樣總好過單一思考習性。但是，我希望你擺脫共同的思考習性。你的心智能爲所欲爲、往任何方向流動，才能自由、遼闊、富有想像力。如果你是在一、兩個習性下思考，很難達到這樣的境界。

我並非主張你不應該跟伴侶討論。他的優勢是很了解你，知道在實務或情緒方面，怎麼做對你比較有用。但是，這種態度也會阻礙他的思考。他傾向於（無意識地）修飾自己的問題或建議，因爲他會以爲自己已經知道答案。

所以，總是前往相同的地方尋求支援固然很好，但前往截然不同之處也非常重要。原因在於，你很可能在那些地方得到最出乎意料的結果，打破你的思考習性，帶來新穎且充滿想像力的思考方式。

他們的建議很容易被你打發，因爲不符合你的常態作風。但是，請你注意，這是好事一樁。即使這些建議仍需要加以發展、調整、改造或修飾，卻代表以全新的方式思考你的問題。這不正是你需要的？可想而知，你的作法一定運作得不出色，要不然你不會走到這一步。所以，當別人提出來的想法是你從未想過的，請你欣然接納。這是你之所以找上對方的原因。請勿這樣想：「眞是愚蠢的主意。」請這樣想：「嘿，也許我可以試試看。我很高興來問你。」

能解決問題的好方法可能來自任何地方。我曾有一次卡在書衣的設計上，向一名五歲兒童徵詢意見（剛好在我身邊有一位，我就利用這個機會）。他的方法直截了當——你會說小孩子就是這樣——而且我得到一個很有啓發的想法，一舉打破我身陷其中而無法脫身的所有糾葛。

依萊亞斯．浩威（Elias Howe）發明縫紉機，他投身設計多年，最後因爲一場夢而解決了最重要的問題。他並非前往夢境尋找答案，可是他看得出那是答案而且握住了它。最重要的一點，是對所有觀念保持開放的態度，不在乎它是在網路上找到的、在酒吧無意中聽到的、問小孩子的，或是來自託夢。

法則56

尋找入口

你不必從頭開始寫書，可以從任何你喜歡的地方開始。

我是從這本書的中間開始寫的。事情是這樣的，你大概也知道，不管你有多熟悉那個主題，想要進入寫作心情，還是需要時間。我可以從頭開始寫，但通常會把前言留到最後。藉由這樣的寫作順序，我知道如何寫前言介紹這本書，因爲全書已經寫好了。沒錯，以本書來說，我可以從法則1下筆。可是，那一天我沒心情寫法則1，而我知道自己必須開始寫、必須進入本書的寫作才行。所以，我選了一條有心情寫的法則，然後從那一條開始。

有時候，「進入正確的心情」正是你想解決的問題。不論你是寫書、籌畫活動、找房子、設計產品、寫報告，最大的困難是知道從何處動手。

這個困難往往會造成僵局和拖延：你不確定如何開始，乾脆完全不動。過一陣子之後，你又加入第二個問題：時光流逝。於是，現在你既無法起步，期限又迫在眉睫。額外的壓力眞的一無是處啊。

我不確定自己是否相信「寫作阻滯」（writer's block），但我不認爲它是對創意靈魂的天譴，而你束手無策，只能靜候它過去。我懷疑它是不良思考的結果——可以確定我是這樣。身爲作家，你能管理自己的時間，這是一大奢侈。因此，你可以宣稱靈感女神不肯眷顧你，也不會被怪罪。我沒見過中階經理在撰寫重要報告時，竟然可以宣稱靈感女神不賞光的。他們絕對難逃責罰。

也許你是作家、經理，或是任何身分，克服僵局和拖延的祕訣在於：當你面臨重大活動卻很難有進展，必須有不同的思考方式。你不一定要從頭開始寫書，可以從任何你喜歡的地方開始。儘管找出任何你可以開始之處，然後出發。

當你對於自己的專案缺乏信心或覺得懂得不夠多，問題很容易變得更糟。所以，挑選一個你認爲可以得心應手或是有堅定看法的部分，然後從這裡開始。或許你從來不曾籌畫過大型活動，但至少你知道自己對於它應該看起來如何是有想法的。太好了！就從那裡開始，讓其他部分從這一點發散。或是你卡在某個重大的口頭報告嗎？先計畫結論吧，如果這麼做有幫助；或是思考你想使用的視覺輔助，假使這是你的強項。

一旦你能充滿熱情且正確地執行專案，可能會回頭去修改、刪除、編輯、變更或挪移一開始所做的，那也無所謂。現在它已經完成任務了，這並非浪費時間，因爲它成功地讓你開始工作，眞是幹得漂亮。你不必管它能不能保留到最後的版本。

法則57

不要陷在泥淖中

有時你必須讓自己率性脫離問題所在的環境。

無論你的思考有多麼自由、避免慣性思考的能耐有多大，有時你依然會遇到問題的解決對策遙遙無期的情況。你已盡一己所能專注，卻似乎無濟於事。嗯，如果眞是如此，請停止專注，放開雙手，遠離你的問題。

我偶爾喜歡玩一下塡字遊戲，我不是很擅長，原因之一是缺乏耐性。我會在某一條提示上思索一、兩分鐘，確定還有其他更有趣的事可做，就會棄舊迎新，改去做那些事。不過，有時可能會在晚上又回頭玩塡字遊戲。*我經常驚訝地發現，之前令人困惑的線索，此刻再看之下卻在腦海中瞬間冒出答案。我並非大腦專家，無法告訴你何以致此，但事情確實如此。

你遇到的難題可能遠大於填字遊戲的提示，然而你的心智能夠發揮同樣的作用——任何事情皆然——而且當你沒有專注於這個問題時，潛意識仍在思考它。所以，請給你的大腦一次機會。當你感到被難題卡在泥淖之中，請刻意停止思考。

本書的思考法則並不只是針對自覺的思考。想要將這些法則應用到潛意識，會困難得多。但是，你至少可以承認它需要有空間做它的工作。而且，知道何時應該由它接手，是思考之道的關鍵。

放下難題、停止憂慮、轉移焦點到其他事物，這些事做起來未必容易。問題愈大，愈難這麼做。要你不去想客廳牆面該漆上哪個顏色，並不會太難。但是，想要停止抱怨感情問題，那可是截然不同的挑戰。還有一點，客廳不會跑掉，任何附帶期限的問題卻是很難視而不見的。

有時，你必須讓自己率性脫離問題所在的環境，名符其實地置身另一個徹底不同的場合。你可以離開一個週末，或者乾脆去度假。那些容易造成你對問題念念不忘的人——同事、家人、朋友——請遠離他們一段期間。有時他們的支持是美好的事，但他們無法幫你清空腦袋。

我無法向你保證，當你回來時問題就能神奇地自行解決。但是，有了全新的心情，你能夠看出解決問題的方法。或者，至少能指出哪些途徑是死胡同，哪些值得一試。這種事發生的頻率之高，會讓你嚇到。

*我可能不夠有耐心，但是我也不喜歡被擊敗。

法則58 嘗試新角度

讓自己保持驚奇，是非常重要的。

好，你已經試過專心，也試過轉移注意力，但問題還是在。這種事在所難免。如果是容易做到的事，一開始就不會形成問題。那麼下一步該怎麼做？

答案是做什麼都可以，沒有任何限制。下一步你想做什麼就做什麼，法則只有一條：必須是你以前沒有做過的事。就定義來說：你以前的作法沒有用，要不然你不會還在尋找答案。所以，請繼續下去，但是選一件不同的事來做，把得到全新效果的機會極大化。

你的目標是活化創意心智，然後在問題上發揮。因此，也許你可以做些有創意的事，例如把問題畫出來。喔，我跟你一樣，不知道畫出來會是什麼樣子，但是沒關係，畫就對了。它一定與先前的樣子不同，這就是我們要的。還有，在你的創意之下，它看起來必定很不一樣，所以是好事一樁。儘管如此，假如畫出問題的作法變成習慣，即有形成慣性思考的危險，並不是我們喜歡的結果。因此，如果塗鴉行不通，把問題唱出來如何？你可以自行編曲，或是利用現成的，由你自己決定。

當然，強迫心智以全新的方式看世界，讓自己保持驚奇，是非常重要的。所以，請根據問題的本質、你的心境、之前的作法、丟銅板的結果，確定自己採用了各種不同的技巧。

我有位朋友住在公園對面，他解決棘手問題時常見的作法，是繞著公園散步，同時自言自語地討論問題。我曾看過他正快步行進，完全沉浸於思考中，雙手瘋狂揮舞著（他的十幾歲孩子們則是躲在窗簾後面，唯恐有人會想到他們是一家人）。大聲把問題講出來是非常有效的方法，但不一定要在公共場合做。別的不說，大聲說出問題，能讓心智運作放慢到講話的速度，這是很有幫助的改變。

你也可以跟自己辯論，扮演反方律師的角色，嘗試說服自己採納不同的選項。這麼做的用意不必然是要你改弦易轍——或許你會說服自己改變——而是讓你必須重塑對於問題的想法，以不同的角度思考。

另一個作法是心智圖，它有助於改變某些問題，對於那些你不曉得如何或從何著手的問題，尤其有利。心智圖極為傑出的一點，是你可以隨機從任何一處開始，而且有助於採取視覺化與概念化的方式思考問題。

法則59

不要驚慌失措

與其在開始驚慌失措之後想要自我控制，避免落入驚慌會容易得多。

落入驚慌會有兩個問題：第一，它是不愉快的感受；第二，它會干擾你的思考過程，導致很難有創意，甚至無法理性思考。

驚慌的本質就是接管你的心智，將其他一切排除在外。當你面臨巨大的情緒或財務問題時，最不需要的就是驚慌。一旦你開始驚慌，就迷失了，直到你能重新掌控事態為止，可能需要數分鐘或數星期的時間。

說的比唱的好聽，對吧？驚慌有時候似乎具有奇怪的魅力，那種魅力是「好吧，老子認了，我不在乎人生一場糊塗，反正它就是一坨垃圾」類型的。屈服於驚慌幾乎能讓人感到解脫，並且放棄嘗試解決問題。然而，這種感覺遲早會被痛苦取代，因爲你失去了更多時間而且絲毫沒有作爲，你的問題依舊不動如山。所以，你在一開始就需要懂得如何不驚慌失措。

那正是第一個重點。與其在開始驚慌失措之後想要自我控制，避免落入驚慌會容易得多。

能夠愈早發現並解決驚慌的衝動，對你愈有好處。雖然我們有可能停止已經全面形成的驚慌失措，但是，何苦把你的人生過得這麼累？當它仍在萌芽狀態時就將之消滅於無形，是很有意義的。爲了達到這個目的，你需要自我覺察，才能發現它正在形成。

好了，所以你需要堅定地告訴自己：首先，提醒自己，你並不需要驚慌。其次，你需要練習重新振作。

請避免讓情緒介入，絕不允許「眞是沒用」或「我是失敗者」之類的想法混進來。這是情緒正想把你帶入驚慌的心境。因此，請理性一點，不要讓它們有機可乘。這時的目的並非立即解決問題，所以暫時不需要創意心情。你只需要避開驚慌，回復到能夠繼續前進的心境就行了。

所以，你要重新振作，認眞思考——或許寫下來——眞正的問題爲何，同時釐清它爲何是問題。因此，不要只是說「錢不夠用」，而是具體指出它會造成的問題：例如房租逾期、車子故障沒錢修、你無法爲孩子買新制服。現在，請逐一仔細思考這些問題。

面對複雜的問題時，先找出其中你能夠想辦法解決，或是知道從何處獲得協助的部分，藉此降低它的複雜程度，即使你還無法完全解決它。在此情況下，每一個被切開的部分，看起來會比整體問題容易應付。

請想一想你已經走了多遠，以及採取多少有益的行動，不論是多微小的行動。如果你想到任何方法能解決部分問題，或是想到B方案，雖然這些並非你眞正想要的，卻比完全沒有進展好得多，請將它們記下來。

也請你記住：這些問題確實能自我解決。無數人會在回首過往時說，五年前或十年前，他們完全無法在婚姻破裂、地獄般的工作，或是財務危機中看到出路，然而他們畢竟活到了現在，而且那一切都已經成了往事。

你可以安慰自己，就算你現在仍無法找到解決辦法，但問題一定有辦法解決，雖然還會混亂一陣子。

法則60

求助

在沒有自尊心作祟的領域，所有人都會樂於求助。

有些人就是不喜歡求助，或者可以這麼說，大多數人有時候不喜歡求助。以我來說，在組裝DIY家具時很樂於求助，但是很討厭找人幫忙看地圖。這是因為我不喜歡組裝DIY家具，也就不在乎誰會裝；但是我認爲自己很會看地圖，所以不願意向任何人示弱。

我說弱點——當然那不是眞正的弱點。這只不過是我的認知。*如果我有自己想的那麼出色，那麼一定是在定向越野賽跑（orienteering，譯註：一項利用地圖和指南針徒步找路的運動）之類遇到非常棘手的情況時，才會需要協助。眞相是（家人會告訴你），我只是自以爲是。我善於閱讀紙上的地圖（這是地圖的傳統形式），但是我很容易認為自己已經牢記了路線，因此把地圖扔到一邊……當路線看起來不太對勁時，卻找不到地圖了。

這一切都跟自我意象及覺知有關。在沒有自尊心作祟的領域，所有人都會樂於求助。我不認為自己是個技師，也不期望別人是，因此當車子拋錨時，我會不假思索地送去車廠修理。然而，舉例來說，如果遇到寫作困難，我就不會透露半句，因為我討厭讓人以為我不懂自己正在做的事。**

如果你在獨自解決問題時遇到困難，尋求建議是合情合理的。所以，你不應該覺得這是承認失敗，你必須克服這一點。那種感覺實際上並無意義。你知道政府機關在採取行動之前一定會經過諮詢，跨國公司進軍新領域時也會尋求建言。所以，比方說養小孩，你何必期望自己不經過任何建議就懂得怎麼做？但是，有無數家長認為自己是高明的父母，覺得向左鄰右舍尋求育兒意見等於是宣告自己很無能，但其實左鄰右舍並非這麼想。

請注意，能尋求建議是一個優點。它是一項技能，亦即能夠看出什麼時候三個臭皮匠會勝過一個諸葛亮。你的問題是自己必須解決的，仍然只有你能做主，而且你並不是痛哭流涕地昭告天下你無能爲力。你是向專家同伴求助，藉此彙集想法。假設你是汽車技師或電腦工程師，當你無法修復某個技術問題，如果有其他人的想法或經驗能有幫助，難道你不會前去請教？那麼你現在遇到的情況有何不同？

你所使用過的全部技能：烹飪、安裝軟體、養育小孩、任命職員、包裝禮物、安撫挑剔的顧客，可以歸納爲三類。第一類，你很樂意向人求助，因爲你不認爲自己具備該技能。第二類，你從來不需要協助。第三類，其他——你身上所有介於半桶水和出類拔萃兩者之間的技能。請坦誠面對自己，承認你在某些領域尋求建議會感到不自在，並且提醒自己那是長處而非弱點的徵象。假如你想要解決某個問題，但無法獨力完成，就必須克服障礙去尋求協助。

*你看到了——我了解這一點！我照樣不願意求助！

**這只是信手拈來的例子，當然從來沒發生過。

Chapter 7

掌握共同思考！

Thinking Together

獨自一人學習良好的思考是一大挑戰，這當然是可遇且可求的目標，卻無法不勞而獲。一旦你開始嘗試跟其他人一起思考，挑戰將會變得更加有趣。你不只必須管理自己的腦袋，也包括其他人的。

跟其他人一起思考時，若是做得不好，會令人大感沮喪、憤怒、徒勞無功。我們都經歷過這些情況。然而，假如兩個或多個大腦能夠合作無間，效果會遠遠高於所有個人的總和。而且，若是一個共同思考的團體運作順暢，身爲其中一分子眞是樂趣無窮。無論這個團體的成員是你和伴侶、職場上的團隊、社會團體，或是其他任何人的組合，許多心智所能產生的想法和解決的問題，是獨力運作的個人難以望其項背的。

我曾與其他人共事而得到偉大的構想，但眞的沒有人知道是誰先想到的，因爲我們的心智彷彿化爲一體，再經由某種融合而創造了那些構想。這正是你所追求的思考方式。這樣的思考方式利用你和其他人的心智一起發揮作用，得到的結果能讓你們全體都感到驚訝且興味十足。以下的各項思考法則就是要教你如何辦到。

法則61

在一起更好

他人能打破你的思考慣性。

我岳父是很出色的創意人，如果我在尋找建議，不論是任何種類的計畫、工作或家庭等方面，往往會去借助他的腦力。一旦我們開始討論事情，各種想法即會從我們兩人源源不絕湧出，讓我感到成效極其可觀。有時，我會在談話接近尾聲之際對他說：「如果以後你還有想到其他的，通知我一聲。」他的回答始終不變：「才不會。」

我必須說，就我認識他的這些年裡，他都是對的。他從未打電話跟我說：「我又想到了……」他並不是難相處，只是了解自己的心智是如何運作的。激發他人產生構想，是他的思考表現最佳的時刻。如果是在這段期間沒有發生的想法，他以後也不會想到。

我並不是說他缺乏自己的原創想法，正好相反，他的創意從來沒停過。然而，他不只有這些屬於自己而與我無關的想法，他也會將想法發展到某種程度，然後找人一起討論，使它們能達到可行的層次。有幾個人是他爲了這個目的而習慣找來討論的，每次他都會挑出最恰當的人選。

依我的經驗，很少人能夠單打獨鬥，從想法的萌芽階段直奔可運作的模型，完全不需要他人的意見。人們在共事時，幾乎所有人都能思考得更好，至少在產生構想這方面是如此。他人能打破你的思考慣性，讓思考處於全新的路徑上。你對他們的影響也是一樣。找對了人，有助於讓你以全新且前所未知的方式思考。

我在想到前作《噓！職場就要這樣玩》（*The Rules of Work*）這本書的構想時，除了書名和內容方面模糊的題旨之外，所知不多。我並沒有在心裡繼續發展這個構想，而是立即跟我的編輯討論，我們合力建構了那本書的概念，事實上連後續系列書的概念都成形了。

坦白說，我回想不出這一場對話是如何進行的，或是誰提議了哪一部分。我可以確定，他們也一樣。我只知道，直到我們談話結束時，已經形成一套完整的構想，遠遠超過我獨自工作所能得到的。我想他們也會同意，這結果同樣超過他們個人所能想到的。

你現在應該已經了解，你所詢問的對象是誰，大有關係。當然你能多找幾個人談，可以和他們分別談或是一起談。你必須清楚能跟誰談哪一類想法或問題；而且，也許你可以在名單中加入更多人選，不同人能對不同的專案有所幫助。

長久以來，我所學會的另一件事，是人們都喜歡被請教意見，他們樂於討論想法，至少在那些他們擅長的領域。當我詢問對方，因爲他們的意見對我非常寶貴，我能否借助他們的腦力，從來沒有任何人拒絕我。他們通常會感到受寵若驚（合情合理），並且很高興與我討論。所以，你何不向他人請教？

法則62

發揮每個人的強項

你永遠都具有相對的長處和弱點。

你玩過密室逃脫遊戲嗎？就是你付錢把自己和一組人關在一個房間裡，你們有一個小時的時間解開一系列謎題，最後即可打開房間門的鎖。幾年前，我和四位家人在赫爾辛基玩過一次。我們對於接下來的事完全沒有概念，後來只是有驚無險地完成任務，全靠主辦單位精心設計安排的幾條線索協助。為什麼我們未能有更好的表現？我告訴你答案：因為我們從頭到尾都沒有把自己想成是一支能獲勝的隊伍。

若要為自己辯護的話，我可以一再說我們根本不知道該怎麼做才有用。但我必須換個說法，原因是假使我們能以不同方式處理，我確定大家會有更好的表現。在那次經驗中，所有人只知道一股腦地完成任務，嘗試解決自己遇到的下一個問題。

法則63

像蜂巢一樣思考

在你們之中包含了所有必要的思考技巧。

這條思考法則緊接在前一條之後。我認識許多人，他們的心智能力令我驚歎不已。有的是思考速度快如閃電、有的是解決問題就像呼吸或喝水一樣容易、有的是產生新構想如同打開水龍頭、有的是能運籌帷幄龐大而複雜的布局、有的是能做大數字心算、有的是能跳躍思考、有的是善於明辨是非。

我曾經合作過的人也有思考緩慢且過度分析的，或是重視事實和數據勝於人之常情。這些都讓我感到有點洩氣。然而，重要的是承認這些思考方式也有其地位，有時候它們會比我所能提供的任何東西都更有價值。

當你們分組共事（共同思考）時，請將你們看成蜂巢型大腦，每個人都是大型實體的個別組成分子，在你們之中包含了所有必要的思考技巧。

即使是獨立作業，你也利用了個人心智的不同部位，因應正在從事的工作。當你在烹飪或做帳時，並不是使用心智的同一部位。閱讀報紙或是聽著孩子們情緒大暴走的時候，你也不是觸發大腦裡的相同神經元。這些技巧、功能、神經中心都是你需要的，但是你並非同時需要全部。

至於總是一頭栽進細節裡的同事，或者只是被你找來幫忙卻不斷想了解所有大小事如何運作的朋友，道理也是一樣。當你參與大型的集體專案，忙著產生構想、組織物流、加總數字，或是任何你喜歡且能勝任的工作，這座蜂巢還需要其他人才行，例如能緊盯細節的可靠人選，或是眞正了解事情運作方式的角色。

因此，對於小組之中與你思考方式不同的人，請你要有耐心、包容和理解，能欣賞更好。如果沒有他們，蜂巢在面臨任何任務時，即無法順暢地運作。一切思考類型均有其存在的意義，你們必須從整體的角度考量，決定何時、何地需要哪一種思考類型的成員上場。

法則64

拋開自我中心

你必須接受團隊思考的理念，否則身在團隊是毫無意義的。

一個有效率的思考團隊應該傾聽每位成員的想法，不論他們是否能實現自己的所有構想。有些構想會在你們付諸實行時半途而廢，這是在所難免的。有些構想則是你們堅持使命必達，卻演變成全新的東西，連你們都完全看不出它原本的樣子。

假如你們只想要一個答案卻得到一百個建議，眞是太好了。然而，終究有九十九個答案無法在最後的成果中占有重要地位。這種情況算是常識。不過，如果那九十九個之中有一個是你的建議，你會感到失望。萬一只有兩個可行的建議，而最後未被採用的那個建議正是你提出的，你會更難過。

感到失望難過是正常的，但是對你沒有好處。請記住，你是蜂巢的一部分，集體的當務之急優先於你的個人感受。就算你覺得自己的想法沒有被完整聽進去，或是未能獲得充分考慮，也是一樣。我能體諒你的心情，但是，唯有人人都能把自我放一邊，團隊才能夠順利發揮集體思考的技巧。

一旦你開始感到不滿，就會有保留自己才華的風險，無法完全跟上計畫的進度，甚至恨不得別人的想法會失敗。到了這個地步，你會創造出團隊沒有你反而更好的情境，你從團隊的資產變成明顯的拖累。在未來，團隊將會非常需要你的思考技巧，而你必須處於最佳狀態，否則何必成爲團隊的一分子？

因此，如果你未能全力支持團隊的計畫，那麼蜂巢就會錯失目標，你也會錯過存在的意義。是的，你會。因爲成爲團隊的一分子是很美好的感覺，如果這個團隊在共同合作之下運作順暢，而且其成就遠大於任何成員單打獨鬥所能達到的成績。只要你能保持開放的心胸和意願，永遠都會有其他貢獻團隊的機會。

當你和其他人合作思考，你們都必須認同遠大的行進方向，以及你們的工作方式。如此一來，你們能夠創造出精誠合作的氣勢，進而使集體思考的力量更爲強大。你必須接受這個理念，否則身在團隊是毫無意義的。也就是說，你們全體，不只是你，都必須放下自我中心。其他團隊成員也提出了意見，你可以注意一下他們的意見有多少是跟你一樣沒有被採用的。或許這麼做會對你有幫助。

請注意，提出構想卻沒有被採納，未必是浪費心力。它對於創意心情是有貢獻的，而且可能已經有意識甚至無意識地激發了其他想法。它可能有助於加強團隊的思考能力，更了解哪些想法行不通——我所說的行不通，是最正面的意思。這麼想的話，你的構想就不是差勁的，而是有用的。所以，不要生氣，反而應該為你的盡責感到高興。

法則 65

留意無聲分子

千萬不要假定不說話的人就是無話可說。

無論是你在領導團隊——或者是任何人在領導——我們已經明確指出，使團隊運作順暢對你是有好處的。否則，你為何身在團隊？即使你是受命加入團隊一起工作，如果它是個成功的團隊，你仍然會因此感到愉快。所以，你應該給它最好的發揮機會。

有些團隊的成員是經過篩選的，因此他們都具有相關以及有用的技能。其他團隊則是在偶然機緣之下成軍，例如，為了社區活動而成立的主辦委員會，其組成分子可能只是因為準備好投入時間，不在意他們能提供何種技能。同理，有些人身在團隊中是因為本身的思考技巧：產生構想、解決問題、分析、組織、數據性工作，

法則66

檢視集體思考

不要讓集體思考的品質打折扣。

我曾經參與一個工作小組，從中獲得極大的樂趣，因爲所有人對於我們的工作都非常積極樂觀，而且充滿熱情。我們建立了良好的友誼，一起思考時都能漂亮地觸發彼此的想法。但我必須承認，那些層出不窮的絕妙想法，到頭來不見得都能一如預期那麼成功。有時候，它們的後續發展成果有點算是碰運氣。

一段期間之後，我們的小組加入一名新人。我們都喜歡他，但是令我們訝異的是：儘管在一般情況下他是個正面、樂觀的人，但一到了大家提出想法時，他卻變得相當負面。正當所有人蓄勢待發，他往往會在我們的構想前方加個小擋板。而我們習以爲常的熱情被壓抑了，這讓人有點沮喪。

然而，過了一陣子，我們開始注意到另一件事。我們的命中率開始上升，有更多構想能達到預期中的成功。你猜到了，這位新人的負面思考強迫我們在思考與規畫時必須更謹慎、務實，幫助我們預見潛在的風險，然後採取防範措施。

一個小組永遠都是人人有志一同，不見得是件好事。喔，這是多麼棒的事！你們能彼此拍拍肩，互相道賀。開起會來總是和樂融融，你們愈是認爲衆人如出一轍，愈能享受美好時光。但唯一的問題是：你們不是爲了來享受美好時光，而是爲了實現某個目標。假如你們都是以相同的方式思考，那麼，多幾個你又有何意義？也許只要兩個人，能彼此激發而產生構想就夠了。

假如你們想要整個小組有效地思考，必須避免曾經讓我們感到慚愧的那種集體思考。如同我們的那個小組，有些小組自然而然就會落入這個陷阱，因爲所有成員的思考方式很雷同。其他小組之所以會用某種方式思考，原因則是在於被認同的感覺十分誘人，以至於有股無意識的衝動，推翻了其他方向的思路。不論是哪一種情況，集體思考的品質都會打折扣。

想要避免這種損失，最重要的作法是隨時提高警覺。一般而言，思考發生集體化時，小組成員都沒有察覺。每個人都因爲彼此認同，便假設自己一定想得沒錯。沒有人注意到你們正在同溫層裡開會。

一旦你們明白發生了什麼事，並且把小組的注意力拉到這個問題，下一步就是解決它。此時最好的作法是撼動一下小組，找一個新成員進來，他必須是可靠的獨立思考者，不會輕易落入同樣的圈套，至少現在不會，因爲現在你們正聚精會神地處理它。或許，你們也可以把小組再分爲幾個更小的群組，使建立新模式的工作更容易一點。然後，指定某個人（或人人輪流）扮演反方律師，規律地挑戰小組的集體觀念和結論。

法則67

有衝突也沒關係

你們沒有義務要相親相愛，但必須互相尊重。

本條思考法則要談的是前一條法則尚未談到的。我們已經指出，如果團隊有類似的思考方式，而且大部分時間都能彼此同意，這種現象並沒有益處。於是，延伸而來的想法是，假使小組成員都能以不同方式思考，而且往往互相不以為然，那就是最有用的小組。

你看得出這其中是有風險的。假如你召集了一組人馬，他們自始至終不同意彼此的觀點，你如何制止每一次開會總是落得惡毒批評、咒罵、生悶氣、充斥敵意，而且——諷刺的是，產生這種結果的原因是讓眾人各言爾志——整個小組失能，缺乏進展。

所以，應該避免所有人都彼此認同，以及所有人都互相反對的小組。那麼還剩下什麼？別著急……我不是說你們不准跟別人爭辯。只不過，你們必須爭論得獲益良多。每個小組都必須找出表達不同意卻不會變成問題的方式。

爲了達到這個目的，最重要且唯一的方法，是讓每個組員都了解，如果他們有不同意之處，就必須說出來，這是他們的職責所在。還有，必須確保小組能以最佳的方式進行集體思考。只要你能了解大家都是受命必須挑戰你的思考，而自己也同樣有義務質疑他們的想法，那麼在別人表示不同意你的時候，你比較容易接受。這個作法是爲了去除個人化。

你們的小組必須有內部法則。假如能在一開始就開宗明義講清楚說明白，加上不時三令五申，往往會很有幫助。你們可以量身訂作這些法則，但是它們應該包括以下幾個重點：

- 評論時不得針對個人。
- 反對的是想法，不是表達想法的人。
- 不可以拉高聲量。

- 每個人的看法都必須被聽到。
- 這不是競賽（不是追求誰的觀點「勝出」）。
- 不可以變得意氣用事。

如果前述幾點都能被尊重，最後一點就會容易得多。確實，在這裡「尊重」是關鍵字。你們沒有義務要相親相愛，但必須互相尊重。

建設性的衝突——這可不是自相矛盾的說詞——是你們所需要的，它能使強大的團隊更上一層樓。接受挑戰能擴展你的視野。當你的想法受到質疑時，會讓你更努力證明，或者承認其中確實有瑕疵。請記住：你們是一座蜂巢，整個團隊會一起成功或一起失敗，因爲是整個團隊同意或否決任何構想或行動方針。構想是由誰先想到的，並不重要。好吧，如果是你的貢獻，你可以暗中拍拍自己的肩，但是小心不要被別人看到。

假如你所在的小組在設定這些內規之後，仍然無法讓大家有效地合作共事，就必須再撼動一下。像是成員改組，有人必須離開，如果它的運作成果不彰的話，那就乾脆解散小組。

法則68

來一回思考激盪

集體進行腦力激盪時，如果只安排處理一個問題，效果最好。

腦力激盪是專門針對集體思考而開發的方法。一般來說，你們會在專案開始之際，或是有集體困難必須解決之時，進行腦力激盪。它是構想產生過程中非常初期的階段，要求所有成員在此一階段盡可能拋出想法，多多益善。這麼做的目的並非獲致答案，而是創造可供全力以赴的選項。因此，它只是該專案的入門階段。

在某些方面，它儼然已成爲集體思考的經典風格。它被制定成一門技術，可追溯到一九三〇年代的艾力克斯・奧斯朋（Alex F. Osborn），雖然我們能夠想像，在他改良這個思考過程之前的千百年裡，一定曾經有過無數人採取類似的作法。奧斯朋曾因員工產生點子的數量之少而深感苦惱（他是廣告公司總裁），所以著手安排他們集體思考。

然而，他注意到，如果只是隨便將幾個人聚集在房間裡，就要他們開始發想創意，這個作法顯然有內在問題。因此，他想出了法則或指導方針，想讓思考過程變得更有效。這些法則果然有用，因爲它們都是基於實際經驗，了解人們如何才能有最佳的思考表現。

奧斯朋指出，集體進行腦力激盪時，如果只安排處理一個問題，效果最好，而且必須在腦力激盪會議開始之前，先清楚而具體地界定問題。舉例來說，與其腦力激盪如何銷售新產品，更有效果的作法是具體針對「如何產生銷售誘因」，或是「在何處投放廣告」。如此你們才能集中思考問題，而不會陷於搞不清楚問題的意義。

腦力激盪的目的是盡可能得到大量點子，極大化選擇的範圍。我們知道，更多點子等於更多優質想法，所以量大才是王道。

爲了能夠得到最大量的點子，原則之一是積極鼓勵極端或瘋狂的想法。腦力激盪乃是集體活動，就算某個構想本身窒礙難行也無所謂，因爲它或許能夠刺激別人想出行得通的點子。所以，在這個階段並非尋求可行的想法，而是大量點子。

奧斯朋的腦力激盪原則中，我最喜愛的是不許對任何想法提出批判、褒貶、反對，或是其他負面評語。那些都是後來才要做的事（如果有的話）。這一點的重要性無與倫比，否則小組成員會傾向於自我審查，以免自己的想法受到批判。假如你知道自己不會被批評，將更有意願拋出任何想得到的點子。

腦力激盪會議的整體效果，是能夠激發每個人的創意思考過程，讓你在「安全」的環境中產生大量想法，並且能夠建立及激發彼此的建議。

關於腦力激盪會議的運作，幾十年來已經衍生出許多個別的策略和技術。其中有些十分獨到，如果你有意願，可以深入研究、應用。但是，爲了能在群組中刺激具有創意且成果豐碩的思考，你不必跳脫奧斯朋的原始法則。

法則69

想到愚蠢的點子

把腳踏在煞車板上，比用力加速簡單多了。

不可低估旁人的創意能力。腦力激盪之所以有效，原因之一是前一個人的愚蠢想法可能成爲下一個人的創意對策。假如你沒有說出愚蠢的點子，他們就不會有機會將之轉化爲可行的構想。

在這方面，我和妻子所組成的兩人團隊就特別能發揮功效。我總是能提出語不驚人死不休的建議，她並不會對此棄如敝屣，反而善加控制，創造出能夠實現的構想。我的建議可能成本高得離譜、曠日費時，或者不食人間煙火，她卻能爲它們接上地氣。

我來舉例說明。我們的運氣很好，在花園的遠端有一條小溪。唯一的缺點是溪岸太高了，上下很不方便，除非你打算弄濕全身。當時我的孩子還很小，喜歡在溪流裡戲水玩耍，因此這個缺點眞的有點可惜。與其忍受現況而知足常樂，我決定設法改善。所以，我提議重新引導溪流的路線，讓它流到平坦地帶形成一個大型迴流，從那裡進到溪中玩水比較容易。

妻子準確地看出這個作法需要花很多錢、工程浩大，而且水流的本性難以預測，這麼做未必有用。然而，她思考我的構想，得到了更棒的解決辦法：何不挖除一小段溪岸，打造成一個小「沙灘」？眞是完美！而且，沒有我的話，她永遠不會想到要這麼做。

我認識一些跟我同輩的演員，導演會跟他們說，爲了得到好口碑的表演，比起勸誘不夠投入的演員再加把勁，還不如讓演過頭的演員稍微收斂一點，這樣會容易得多。把腳踏在煞車板上，要比用力加速簡單多了。所以說，極端、異想天開的想法，比較容易變成傑出的創意。

你必須具有或找到提出建議的自信，哪怕你認爲別人會給你負評也不在乎。遇到這種情況，我喜歡說的一句話是：「我有個愚蠢的想法，但是我不想說出來，因爲有人會把它變成很棒的創意。」這句話能產生效果，原因有二：第一，你不必擔心別人會認爲你的想法很蠢，因爲你自己都清楚說了它很蠢。第二，小組裡的其他成員不會想都不想就否定你（希望是這樣，但是天知道呢），而是很有可能開始深思，想找一找其中是否有可取之處，能夠進一步形成出色的點子。

同樣地，請確定你周遭的人也都知道，他們隨時都被允許說出「愚蠢」的點子，不必害怕被笑罵。同時，也請確定你會仔細聆聽，並且審慎思考能否使他們的想法更務實。

法則70

保持同步

重點不只是團隊成員需要知道什麼，也包括每個人需要有什麼感受。

當你身爲集體思考小組的一員——長期或短期皆是——你們不可能所有時間都在一起。你們可能朝九晚五才在一起，也不可能在這段期間內都能專注於集體思考。或許你們是在同一個辦公室卻從事不同任務。其他小組可能是每週或每個月才會聚一個小時。

所以，你們大部分時間都是分開的。就某方面而言，這是好事。彼此分開顯然有助於避免互相擾亂生活，也能夠在集體思考會議之後，全心全意地消化及吸收。有時候，點子、困難、問題、想法會在集體思考會議之後找上門，因爲你有了一點空間獨自思考。這樣的現象很有用，有些人經常會傳簡訊給群組說：「我一直在想……」因共同合作而產生構想的欣喜，能讓你的大腦活力旺盛，但是，若能給它一點心平氣和的安靜空間，或許會更具有分析能力。

但是，你們終究還是一個團隊。不論你們是工作部門、主辦委員會、家庭或是專案小組，當你們各自在不同場所時，這個團隊依舊以看不見的形式存在著。在會議與會議之間的空檔，你們會收發電子郵件、寫備忘錄、進行研究、完成任務。這是非常重要的，因爲你們的團隊認同藉此得到肯定，更加穩固了。

你們的團隊在腦力激盪創意、應付困難、做決策或是組織任務時，希望能有凝聚一體的感覺，而且能彼此觸發。以這方面而論，當你們全體組員聚在一起，才能有最佳的集體思考表現。爲了達到這個目標，你們必須在走進會議室的時候，即能銜接上一次聚會時的結論。你不會想見到每次聚會都必須從頭學起，才能發揮團隊的一體功能。

所以，請你注意：你必須隨時掌握全局，確定不論聚會與否，全員都能有歸屬感。因此，良好的溝通聯絡非常重要，它能讓你確知彼此仍然同在，而且都是往相同的方向行進。在每次會議結束時，很可能會分配獨立的工作，思考方面的或是實務工作，你必須與他們保持聯繫、了解工作進度，你們才能彼此保持同步。

團隊成員之間的溝通聯絡，不只是大家需要知道什麼，也包括每個人需要有什麼感受。團隊成員在分散各地期間保持聯絡，能加強團隊認同感、提醒所有成員互相歸屬，而且能在任何問題可能干擾到團隊合作共事的能力之前，及早突顯並處理。你覺得必須分享的資訊，不要侷限於少數人之間。請經常與所有人分享非重要性的訊息，確保團隊能規律地保持聯繫。

Chapter 8 開始做決策！

Making Decisions

以實用的角度來說，當你必須做出決定，正是考驗思考技巧的艱難時刻。在做重大決定時更是如此，例如：換工作、搬家、巨額支出、和某人住在一起（伴侶、父母、朋友）、創業，還有成家。思考得夠清晰，進而做出正確的決定，這是非常重要的。你的生活品質會被許多不太起眼的決定影響，無論如何它們都是很有用的思考練習，因爲有朝一日你會面臨重大決定。

顯而易見的是，能在這些方面做出正確的決定，這一點在將來會變得很重要。而且不僅如此，你是否知道自己正在做正確的決定，也同樣重要。在抉擇的那一刻你有多大的自信，確實舉足輕重。只要你的內心深處堅信自己的選擇是正確的，就不太可能會後悔。如果你能十分篤定自己正在做正確的事，那麼換工作、搬家、結婚、上大學、讓工人進門裝修，或者其他事，種種劇烈變動所造成的緊張焦慮感，會減輕很多。

事實上，只有你能爲自己做決定。你固然能從朋友或專家那裡得到若干建議，然而重大抉擇總是包含著情感和主觀的成分，到頭來只有你冷暖自知。因此，如果你希望得到深具信心的決定，那麼你必須有能力爲自己通盤思考。以下的思考法則能讓你應付自如。

法則71

決定你的決定

不斷追問「為什麼」，直到你找出問題的根源。

喔，這個簡單！不，等一下。「不小心做錯決定」這種事，頻率高到會讓人瞠目結舌。通常這是因爲我們落入了陷阱，注意力全集中於手段而非結果。

我曾經和某人共事，她非常確定自己想要辭職，改行當自由工作者。我們深談過這件事。她很不快樂，覺得獨立工作是解脫的方法，能避免當上班族會遇到的各種問題。然而，隨著我們的談話繼續進行，愈來愈能看清楚，她對於自由工作者代表的意義並沒有深思熟慮過。經過一番思考，她才明白伴隨自由工作者的不安全感根本不適合她。最後，關於她的問題，她確定最好的解決方法是換工作，而且繼續當上班族。你看，她專注於錯誤的決定——萬一她眞的當起自由工作者——而非深入問題的根源，問問自己該如何脫離這份不值得的工作。

至於我們在解決問題時，也同樣容易犯錯，而且可能導致可怕的決策。想像一下，假如我的同事按照原定計畫行事，她可能會緊張焦慮、長期不快樂，才能領悟當自由工作者是個錯誤的選擇。

那麼，應該如何避免錯誤的決策？最簡單的方法是模仿三歲小孩，針對必須解決的問題，不斷追問「爲什麼」，直到你找出問題的根源。不論你的問題是申請大學、招募新員工，或是房屋擴建，請持續不斷地追根究柢，直到找出關鍵爲止。

好，假設你正要決定申請哪一所大學。首先要問的是，你爲什麼要上大學？可能的理由比你一開始想的還多。你是想要學習哪個吸引人的科目嗎？或是想拿到學位，用它當成某個特定行業的敲門磚？或是想玩四年，等你成熟一點再去想人生的下一步？或是其他理由？或是綜合以上理由？追問這些問題之後，應該能讓你理解，除非先了解自己爲什麼想唸大學，否則無法知道要唸哪一所大學，或是申請哪個科系，或甚至是確定自己是否眞的想唸大學。

或者，你可能基於幾個理由想要創業：你想要更有彈性的時間、不喜歡爲別人工作、你認爲可以有更高的收入、你找不到工作、關於某項商品，你想到超棒的點子、你一直想擁有自己的書店／當攝影師／從事污水處理工作。

再強調一次：深入這些理由追問「爲什麼」，直到你能充滿自信地認爲，已經找到做某個決定的基礎。

這個思考過程本身非常重要，而且你在閱讀以下幾條思考法則時，將會發現：除非做決定的環節正確無誤，否則你在後面的幾個階段都會很痛苦。

法則72

不要從第二階開始

維持現狀（第一階）向來是最廉價、最簡單、最快速的選項，即使需要略做改變。

大多數時候，許多人都是從第二階開始做決策。你知道自己想換工作，問題是你應該找什麼新工作？或者，你必須搬到寬敞的新房子，但是應該搬到何處？或是你想唸大學，應該申請哪個科系？

這些看起來都是對你自己的合理挑戰，但是你必須帶著這些問題先回到第一階。或許第一階仍然會引導你走到這裡，但是請你自覺地思考一番，確定它是否如此。以下是前面幾個舉例的第一階：

- **你確定自己想要換工作嗎**？或者你可以改變目前的工作中你不喜歡的部分：要求加薪、調職、轉兼職、在家辦公，或是坐到別的位子？
- **你必須搬家嗎**？如果問題在於居住空間，擴建目前的房子會省很多錢。或者，假如問題是維持費，可否把房間租出去。
- **你想唸大學嗎**？你是否已經自覺地排除以下可能：直接投入職場、騰出時間，或是進入某一行當學徒？

第一階的用意是堅持你的現況，但是有所調整。當然，第二階往往會成為你的下一步，卻非永遠如此。維持現狀（第一階）向來都是最廉價、最簡單、最快速的選項，即使需要略做改變。清晰而合乎邏輯的思考之所以如此重要，其理由在此。

我記得有位朋友在家創業，她準備在後院蓋一間工作室，因為她需要在那裡辦公及囤放庫存。這麼做可能是一筆不小的支出，因為工作室需要暖氣、照明等設施。她忙著找廠商報價，努力想要壓低費用。後來，她才想到，屋子裡有一個房間幾乎沒在使用。經過重新布置後，她將房間空出來了，改在屋內辦公。這麼做不只省下一大筆開銷，而且更舒適。

她曾經是從第二階開始的：「我需要打造一個空間用來辦公！」而非從第一階：「我需要打造一個空間用來辦公嗎？還是我已經有空間了？」想要以全新的角度看待你的居住空間，是一件困難的事。但是，這個思考過程能爲你消除極大的壓力、劇變及費用。

能規律採行這項思考技巧的人何其稀少，眞是教人吃驚。然而，對於掌握思考之道的思考者來說，這應該成爲本能。任何時候，凡是你正要著手進行某個成本很高或壓力很大的改變，永遠記得先確認你是否眞的需要那麼做。

我並非反對改變。改變可以很有趣、很令人興奮，讓我們有正面的震撼。然而，此處所說的決策，它的起因是對於現狀不滿或是被強制改變，像是畢業或失業。一般人的思考傾向，是認爲你必須大幅改變，比你需要的改變更大。如果可能的話，無爲而治，配合一點轉折，永遠應該被列爲選項之一。

法則73

設定限制條件

幾乎所有決策都有三個最常見的參數：速度、成本和品質。

你正想搬家。錢不是問題，你不在乎搬到哪裡住，國外也行。你可以選擇大宅院，但可能需要先進行翻新。鄉村住宅雖然偏小，卻很溫馨宜人。或者你可以選擇市區公寓或樓中樓。嘿，找穀倉來改建會很有趣呢！還是想找塊地自己蓋……

能有這麼多選項，人生眞美好。除了一件事，你究竟要從哪裡開始？你可以搬到任何地方，但有一些限制的話，確實讓你比較容易做決定：通勤時間一小時以內、離父母家很近、在某個預算範圍、住在鄉村，或是要有花園。無論喜不喜歡，大多數人都會提出限制條件，而你也看到了，其實限制條件是大有幫助的。

在相當程度上，做決策時會遇到的危險是參數範圍太狹隘。例如，或許你需要花園，你的理由不是對蒔花弄草、戶外烤肉、種菜這類事感興趣，而是爲了養狗。然而，或許在某個地方正好有一棟完美的房子，具有一切優點，又沒有超出預算，但你根本不予考慮，因爲它沒有花園。眞是遺憾，因爲打開它後院的門，就能直通一座大型公園。不過，你永遠都不會知道自己錯過了一棟多麼棒的房子，全因爲你創造了一條不必要的限制條件。*

讓我們再次集中思考，針對你的每一個限制條件問「爲什麼」。爲什麼是花園？爲什麼至少要有三房？爲什麼要靠近車站？你逐一檢視每個限制條件之後，當然有些可能會原封不動，但其他的也許會改變。例如，你想要的房子不需要花園，而是需要「可以讓狗活動的空間」。能這樣是最理想的，因爲你向更多潛在解決方案打開心胸了，適合的房子更多，或者換個主題，更多可進入的職業、更多賣產品的方法、更多舉辦婚禮的場所。

幾乎所有決策都有三個最常見的參數：速度、成本和品質。但是，如你所見，以前文的搬家例子來說，你還可能設定了其他無數的限制條件，每一項限制都可能同時讓決策過程更容易也更困難。每一項都有助於縮短候選清單，卻也創造了風險，因爲被你排除的或許正是完美的答案。

此時，應該引入你未曾考慮過的其他選項，比方說沒有花園的房子。你眞的需要三房嗎？或者你需要的只是三個孩子一起來看你的時候，讓他們有地方睡？所以大概是三房，但有其他格局的？廚房是否需要大到放得下八人餐桌？或是利用獨立的餐廳解決這個難題？或者將兩個房間打通合併呢？

無論是哪一種決策，設定限制條件能讓你不會在過程中舉步維艱，不會陷在不想要的選項，而且能強迫你更聰明地思考，開啓沒有考慮過的各種可能性。

＊它的廚房空間也很寬廣……喔……別提了。

法則74

先鬆開繩結

當你的腦袋沒有因為其他事務而擁擠不堪，會更容易思考特定問題。

有些決策異常複雜，因爲它們與其他決策糾葛在一起。你對A束手無策，除非能先解決B，但B又和C密切相關。有時，這些決策相互纏結，以至於你不知從何處下手，更別說該做什麼決定。

有一對我認識的夫妻正在考慮是否搬去倫敦（距離現居地兩百四十公里），讓他們的孩子在那裡就學，妻子自己則是縮減工作時數，空出時間學習新技能。若是如此，她應該培訓哪種新技能？他們無法做任何決定，除非能先做其他決定。這類棘手的問題通常會導致一切停擺和拖延*，箇中原因純粹在於形勢讓人喘不過氣。

然而，如果你能匯集已經具備的全部思考技巧，便能梳理這種棘手的問題。請相信我。首先，請把這些因素串連起來：此時思考要送小孩去唸哪所學校並沒有意義，除非你知道將來會住在哪裡。如果你不搬去倫敦，學習新技能的選擇範圍即會受限於本地所能提供的。所以，「搬去倫敦與否」再次成爲必須做決定的首要議題。

這個作法不但能讓所有問題更明朗，也可顯示你是否需要重新界定各個事項的輕重緩急。當你如此看問題時，或許會因爲意識到選擇孩子的學校對你來說確實非常重要，你並不希望選校取決於你的居住地。你寧可讓新家的位置遷就學區，而非相反。

很好，你有進展了。有些決定會暫緩，直到你確知要住在哪裡。而且，對於各個決定的優先順序，你已經心裡有數。假設經過這一系列思路，讓你明白選擇學校是最重要的事，此刻它就會成爲其他所有決定的參數：新家必須靠近適合的學校。或許，是靠近某一所特定的學校，如果是這樣，那麼連新家地點的問題也一併迎刃而解了。

好，一切都大有幫助。但是，仍有一些互相牽連的決定有待處理。因此，下一步要做的，是單獨思考每一件事。假設——只是爲了論證之便——現在沒有其他複雜因素，那麼在理想的情況下，你想要重新培訓哪一門學科？當你的腦袋沒有因為其他事務而擁擠不堪，更容易思考特定問題。你未必能在最後得出理想的解決方案，但是，能知道最理想的答案是什麼，其重要性無以復加。如此一來，關於想要讓步多少，你將能在平衡各種利弊得失之下，做出有自覺的決定。

等到你依序完成這些步驟：將你能做的決定串連起來、確定無法決定的事項之優先順序、單獨思考每一個決定，屆時你應該會發覺，每件事開始變得一目了然。我的朋友經過這樣的思考之後，明白她差一點做了會後悔的決定（選擇培訓的新技能並不是她眞正想要的，而是因爲有這個選項）。將思考過程分開，她得到了需要的清晰度。

＊稍後再談拖延的毛病，不急……

法則75 適可而止

不可以拿目前用不到的東西塞滿你的腦袋。

無論是大或小的決定，大多數都需要你進行研究，換句話說，就是收集資訊，如成本、所需時間、選項、意見等。我只是說大多數決定，因爲有一些決定是非常主觀的（想要生小孩嗎？），收集自己的想法比資訊更有用。至於其他決定，你需要型錄、徵人廣告、價格、簡章、聯絡人名單、技術資訊等。

也請你不要忘了，有許多決定在某種程度上仰賴於人們的情緒。團隊對於新管理架構有何感受、子女對於搬家有什麼想法、如果你擴建房屋，鄰居會不會抗議、你的事業夥伴是否同意你改爲兼職、年邁的父親是否樂意搬來一起住？這些全是相關資訊，你有任何改變的構想，都必須徵求他們的看法。這麼做並不同於尋求建議，這是爲了確定其他利害關係人是否參與你的計畫。你未必要滿足他們的要求，但是你必須知道他們對你的決定有何反應。

坦白說，遇到某些決定時，你必須知道的東西有很多。你會付出大量的時間，收集需要的所有事實和意見，有可能你花在研究的時間長到完全無法付諸行動做決定。*我有位朋友一直在探討是否該辭去他討厭的工作，整整花了十年才終於有些行動。

所以，談到做研究，你必須找出平衡點：資訊恰到好處即可，不太多，也不太少，適量就好。你的資訊要足夠讓你做出明智的決定，而不是多到負荷不了，見樹不見林。那麼，你實際上需要的資訊是多少？

請注意，我無法回答這個問題，因爲它的答案取決於你在做何種決定。你必須思考在決策階段哪些研究是必要的，不可以拿目前用不到的東西塞滿你的腦袋。在任何情況下，視決策的方向而定，那些目前用不到的東西可能只是在浪費你的時間。

假設你正考慮應徵某個特殊職位，你只需要有助於決定是否應徵的資訊，這樣就夠了。所以，那可能是該職位的工作內容說明、待遇、上班地點、工作前景（在公司內部或是再度跳槽時），以及大略了解對方的老闆是不是正派的人。當你在決定是否要去應徵，這些就是你所需的大部分資訊。若是你因此決定不去應徵，再收集該公司的任何資訊都是浪費生命。因此，資料從四面八方而來，你應該過濾出重要的資訊。

當你實際應徵了（如果決定應徵），才應該開始研究下一個決定：假使收到面試通知，你會接受嗎？（別鬧了，你是思考法則玩家，他們一定會找你去面試。）現在，你大概想知道更多該公司的相關細節，例如工作時數、出差總量、和你一起工作的人、業界和員工對該公司的評價，諸如此類的。換句話說，也就是爲了在面試時表現良好，你必須做的大部分研究。此外，再加上其他資訊。但是，直到你做了第一個決定之前，不必浪費時間在這一部分的研究，要不然你會讓自己更辛苦。

*我並沒有忘記要談拖延，隨後會在某個時候談到它。

法則76

審核你的顧問

所謂的「意見」，永遠都是代表個人的立場，而且每個人都有自己的立場。

遇到重大決策時，我們通常會向他人徵詢意見，例如同事、家人、朋友、專業人士。這些人和你的決策結果並沒有利害關係，我們認為對方能夠提供持平、公正的意見。

喔，但願如此。就定義來說，世上沒有公正的意見。事實可能是公正的（哪個「事實」？我馬上會談到……），可是所謂的「意見」，永遠都是代表個人的立場，而且每個人都有自己的立場。

假設你正在考慮投資房地產市場，而且你認識的某個人也曾經投資過。太完美了！他們一定能夠給你一些重要資訊，不是嗎？嗯，沒錯。只不過他們是從自己的角度提供資訊給你。若是他們的投資成果很好，可能會建議你大膽去做。但是，那是他們個人的偏見。假使他們沒有成功，大概會給你相反的建議。你我都知道，有些人在房地產投資很順利，其他人卻不然。所以，他們的立場並非是唯一的。

我的意思並非你不可以諮詢他們的想法，他們可能給你一些很有用的洞見。但是，不要因爲他們的經驗比你多，便以爲他們的建議必然是正確的。如果你能找到其他有不同紀錄的人，將有助於平衡看法。可是，請記住，就算是有兩個經驗比你豐富的人提供意見給你，他們的意見也可能都是錯誤的。

讓我們回來看事實，以及事實如何產生偏差。假設你收集到的事實都是眞的，*不論這是來自何方神聖，他們都是選擇自己認爲相關的事實給你，這個過程即包含了內在偏差。你只需要去看政黨如何爭論事實，就能看出他們如何利用這個過程，達到合乎邏輯的結論。他們雙方通常都會呈現如假包換的事實，看似足以支持其提出的反對論證。那是因爲他們選用不同數據，或者是以不同方式呈現，能讓那些事實表達他們想要說的。

你所諮詢的人可能不會像政治人物那麼做，然而偏差是無可避免的。人人都有根深柢固甚至是毫無自覺的信念，這些信念會影響我們對於事實的認知。有人是含著金湯匙出生，有人是在社會住宅長大，請想像一下你向這兩種人徵詢房地產投資的意見。他們對於居住道德可能有大不相同的價値觀，而且很可能反映在他們的建議之中。或許他們不知道有這個現象，但是可能引用支持其信念的事實（參見法則92）。

請注意，我的意思並非你不可以尋求任何人的建議，而是請你小心事實的偏差。擅長思考之道的思考者會先想到這些，然後才去尋求意見，而且會據此衡量對方的看法。

*不過，顯然你不可輕率做這種假設。

法則77

諮詢自己

詢問建議能滿足許多方面的情感需求，得到正確答案只是其中之一。

有些決定與「事實」的關係比較淺，與「情緒」的關係比較深。從臥室應該漆什麼顏色，到是不是該把那封憤怒的電子郵件寄給房東，這些都是只有你才能做的決定。你當然明白這一點，可是尋求他人的建議對你仍有幫助。

然而，你該去找誰？或許是你的母親、摯友，也可能是同事、伴侶、兄弟……你如何抉擇？嗯，我知道大部分人在很多時候是怎麼選的。

關於這一點，幾年前我曾經恍然大悟。我不記得當時是要決定什麼事，但我選擇致電某位特別的人。我聯絡不上對方，馬上想到最好再找別人。有一個人是很明顯的替代人選，可是我發現自己推三阻四，無法打這通電話。「等等，」我想：「爲什麼我不肯打給他？」我思考了片刻，答案顯而易見：我不相信他會給我想要聽到的建議。

眞是有趣！所以，我知道自己在尋找什麼建議。我早已知道本能所告訴我的，而我只是在尋找某個會同意我的人。一旦想通了這回事，就有了答案，不必再致電任何人尋求建議。我能靠自己下定決心，不需要他人協助。其實，很顯然我已經得到協助了。

這個見解是關於你的心智如何運作，對你非常有用。從今以後，情緒方面的決定，你幾乎不必再去徵求任何人的建議。只要具備足夠的自我覺察，你能成爲自己的顧問。如此一來，事情變容易了多少？

有趣的是，它爲事情添加了一點困惑。大多數人喜歡向朋友詢問建議——儘管有些朋友只會說我們想聽的——所以，發現你永遠不必再尋求他們的建議，讓大部分人感到有點無動於衷。那麼，永遠不必再尋求別人的建議又怎樣？

詢問建議能滿足許多方面的情感需求，得到正確答案只是其中之一。只要你詢問的對象有可能提供你想要的建議，雙方的對話將能強化彼此的關係。不僅如此，當對方說出你要他們說的，將會證實你的情緒是對的。假如你對自己的決定缺乏信心，得知你的父親、老闆或姊妹也同意你的感覺，你的心情會好很多，即使你去找他們正是因爲知道他們會同意你。而且，談你的問題當然是一個談你自己的藉口。如果我們敢吃誠實豆沙包，大多數人都會承認自己樂在其中。

所以，雖然現在你知道了不必尋求他人的建議，並不一定要停止這麼做。你只需要誠實面對自己的本能所告訴你的答案，同時知道你和對方交談的眞正原因就行了。

法則78

不要妄下定論

大部分重大決策都是由一連串選擇或小規模決策形成的。

有一回，我被某家公司找去，那是在本地生產及銷售特製高級家具的公司。他們向我展示部分成品，有美觀的廚房用大桌、手工衣櫥和衣櫃，以及傳統梳妝檯，它們都漂亮極了。這家公司的問題是家具賣不出去。當天稍晚，他們發現大多數本地人都是想買邊桌、小型櫃子和壁掛層架，對於他們店裡滿滿的大型豪華家具，幾乎沒有需求。

這是個絕佳的例子，足以示範錯誤的假設能夠挖出多大的洞讓你跳進去。還要其他實例？我認識一對夫妻決定要遷回四十年前他們成長的地區。他們買了一棟房

法則79 認識你的情緒

全盤考量所有相關的因素，假如你做了不理性的決定，你也是睜大眼睛在做的。

在良好決策中，情緒當然也占有一席之地（下一條思考法則將會談到）。*然而，在極多數不良決策中，情緒卻是罪魁禍首。我個人的缺失，是在毫無正當理由之下迅速做出決定。老實說，當你選擇買哪一條巧克力棒，或是在哪一個晚上去看電影，這類決定有什麼大不了的？但是，買房子或汽車、訂昂貴的度假行程、是否去找某類工作，或者要不要在盛怒之下寄出寫滿氣話的郵件也算，這類決定可就大不相同了。

假如前面的情況是在說你，請你停下來（我也是在對自己說）。你想早點下定決心，這一點我懂，我真的懂。但是，我只是要你在做出自己承擔不起的決定，或是不公平地對待某人之前，多花一點時間而已。聽好，假如你想要掌握思考之道，必須了解自己、看穿自己的缺點。至於憑直覺做決定的人，則是必須在重大決策之前，遏止自己的這種傾向。如果你有任何一方面像我，當你做決定的速度太快時，內心深處是非常清楚的。

所以，假使某個決定需要一段適當的期間思考，請你抽身離開，在那一段期間之前不要採取跟決策有關的行動。也許是二十四個小時，也許是一個月。倘若你不確定這次強制暫停需要多久，你應該尋求建議（而且不可去問其他迅速決策者）。若是重大或昂貴的決定，除了暫停，也應該做一些研究。要適當地研究……

是啊，那是跟情緒有關的另一個問題。只尋找事實來支持你的直覺要你做的決定，或是被你徵詢意見的人，是你有信心會同意你的（如法則76所述），這些都是很誘人的作法。即使你不容易迅速做決定，大多數人可能會自欺欺人。你想買一輛超貴的電動汽車，所以只研究養車成本有多便宜；你喜歡在國外工作的想法，所以只調查它對你的履歷能有多少好處；你嚮往豪華的度假行程，所以會去找出提供特惠價促銷的行程。

喔，或者你會告訴自己「因為我值得」。這是個好理由。嗯，或許你值得，但是這個理由實際上並不充分，不能因此就花費一筆挪不出來的錢。你是否也值得透支的後果呢？那是你的錢，如果你想花就花吧。只不過，你應該坦白回答這是不是明智的決定。假使不是，那麼請你有自覺地決定不明智地花錢。不要欺騙自己這個決定能夠被合理化。

電動車對環境有益，在國外上班有很多好處，誰不喜歡豪華旅遊？我並沒有說這些事本身是對還是錯，可是，它們是此時此地對你而言最好的決定嗎？這一點比你的環保意識更重要，因為它攸關你的銀行存款、其他承諾、你的時間和家人……所以，請全盤考量所有相關的因素，不要侷限於迎合你的情緒反應的那些選項。如此一來，假如你做了不理性的決定，你也是睜大眼睛在做的。

＊在我談到拖延之前，再多等一下……

法則80

平衡邏輯和情緒

常見的謬誤是：認為情緒是不理性的，而決策應該是理性的過程，因此情緒沒有置喙的餘地。

假如你想要做出最佳決策，不可以讓情緒擊敗你。然而，有趣的是，在決策時排除所有情緒，並非好事。

針對腦部受損而無法感受到情緒的人所做的研究指出，他們之間有一個共通點，就是無法做決定。他們能理性化所有主張，但是不知道如何做出特定的選擇。神經科學家認爲，這是因爲很少決定是完全沒有情緒成分的。假如你不讓情緒參與其中，甚至連選擇咖啡或茶、麥片或土司，幾乎都會變得不可能。所以，當你在選擇工作、住宅或汽車時已是如此，遑論是決定要不要生小孩或是結束一段關係。

常見的謬誤是：認為情緒是不理性的，而決策應該是理性的過程，因此情緒沒有置喙的餘地。上一條思考法則清楚指出，情緒很可能會妨礙良好的決策，但是，缺乏情緒亦然。遇到必須決定該採取什麼行動時，你的情緒可是肩負著不少重要的任務。

首先，如果你完全缺乏情緒的作用，將難以確知所有研究和資訊應該如何權衡輕重。這項因素是否比另一項重要？這個想法和那個想法同樣相關嗎？在美國上班的工作讓人興奮，而且能拓展職業生涯，但是買不到馬麥醬（Marmite；譯註：這是英國的傳統醬料，用法如同果醬或味噌），值得去做嗎？這間完美的公寓完全符合你的要求，但是它位在三樓，而且電梯經常故障，你應該買下來嗎？我舉這些極端的例子，是為了說明我的重點：要不是有情緒，你如何平衡工作和馬麥醬？＊同理，若是沒有情緒加入，你如何準確評估風險？（在法則91會連帶多談風險）。

情緒也可以成為整體問題的關鍵。假設有一間公寓符合你的所有實用要求，然而你擔心遠離朋友會覺得孤單，恐懼感以及潛在的孤獨感是重要的考慮事項，這兩者均無法被理性拿來秤重。你是否有點擔心在交到朋友之前會感到孤立？或者，你是否會害怕可能永遠都得不到快樂？那些問題只有你能回答，而且都是情緒層次的問題。它們和所有實用因素一樣重要（但所有實用因素仍須經由你的情緒判斷來決定輕重）。

做決定時應該加入情緒成分，另一個重要的理由是：如果你是經過情緒方面的思考，對於該決定你會感覺（沒錯，這是情緒字眼）付出更多。你會誠心接受，更加投入使它發揮作用，而且你的方法會更積極。

因此，你必須平衡情緒和理性思考。重要的是：你是有自覺地思考，也了解情緒所扮演的角色。

*我在此處暗示兩者之間的取捨應該很明顯，但是我很懷疑我的編輯會選擇馬麥醬。（是的，我會。——艾德留。）

法則81

學會妥協

如果你沒有準備好接受不夠完美的結果，最後可能一無所得。

你不會總是心想事成。我媽經常這樣對我說，而且，我真討厭承認她說得對。事實上，你得到的很少跟你想要的完全一樣。凡是你在乎的，就會如此。如果你沒有準備好接受不夠完美的結果，最後可能一無所得。

有位朋友的母親十五年來都想搬家，但是她絕對不買無法滿足所有條件的房子。不幸的是，她在十五年前就賣掉原先的房子，所得到的錢存在銀行（並支付房租），過去這些年來，存款當然無法像房價一樣那麼快速攀升。所以，事實上她想找到完美的房子愈來愈難，因爲理想的房子不再位於她設定的房價範圍，除非她搬到別的地區、房間沒那麼多的，或是花園小一點的……但是，這些全都需要妥協。

看到了嗎？假如你不妥協，根本很難做出任何決定。在整個做決策的過程中，你必須思考願不願意接受的妥協，並且將妥協與否視爲過程的一部分。如果你不曾思考過妥協，你會發現自己正大肆拖延*，如同我朋友的媽媽。以她的情況來說，她經常有妥協的選擇，而且不需要全部都選擇妥協。

這是另一個你必須容許情緒因素的領域。有些妥協外表看似全然理性，其實是誤導。假設你的新事業模式行不通，除非能降低成本。聽起來這是與情緒八竿子打不著的決策，但是請你想一想。你如何降低成本？找到新的供應商、降低品質、搬到便宜的地段、不要僱用這麼多員工，自己辛苦一點？我想你看得出來，選擇這些妥協是跟情緒相當有關係的思考過程。

所以，良好的決策有很大一部分是關於找出可能必須接受的妥協，以及釐清打算做多大的妥協（或許你選擇改行而不要求提高待遇，但如果待遇變低就不考慮），然後選擇不同方面的妥協，或是在這些妥協之間取得平衡，這裡妥協小地方、那邊妥協大地方。

早在你能做出妥協的決定之前，必須知道自己的限制。你的底線爲何？或是每一項妥協的底線爲何？如果你希望能接受妥協的決定，以及往後隨之而來的一切，那麼你絕不會退讓的原則是什麼？一如往常，在做出最後決定之前，請你通盤思考，並且了解所有理由。

＊好啦，好啦，我快要談到了……別催我。

法則82

找出第三選擇

假使檯面上的選項都不好，顯然你必須找出其他選項。

假設你對所有選項都不滿意，卻又無法迴避做決定？可能是你的團隊有人離開，你必須添加新血、你無法負擔目前的房租，必須搬家、你和伴侶想結婚，可是對於邀請多少人來參加婚禮，意見南轅北轍。

這些都是你必須決定的，但是你看不到理想的選項，如此一來可能會成爲大問題。萬一你和某人的意見有所衝突，甚至會感到陷入僵局。做出明智的決定能令人振奮，不做任何決定則可能會令人感到痛苦、沮喪、失意、洩氣，以及負擔沉重。

因此，請不要讓這種事發生。此刻正是你適度發揮創意的大好時機。假使檯面上的選項都不好，顯然你必須找出其他選項才行。我注意到在這種情況下表現最佳的人，是那些能夠以正面心態面對的。

誠如亨利·福特（Henry Ford）所說：「無論你認爲自己辦得到或是辦不到，你都是正確的。」假使你相信還有其他選項，你就會找到。如果你認爲檯面上的就是所有選擇，又何必再去尋找？反正你的問題無解，做什麼都是浪費時間……我敢打賭，任何行得通的新選項永遠不會出現在你眼前。就算出現了，你也看不出來。

回到本文一開頭所舉的例子，讓我們來看看可以想到什麼。你的團隊失去一名成員，你已經發出徵才廣告，也面試過應徵者，卻找不到合適的接替人選。那麼，何不在以前沒有想過的地方放徵才廣告？要不要招募學經歷略低於原始預期的（待遇也低一點），然後投資培訓他們（用省下的人事費）？或許重新分配所有成員的角色，你就能招募技能完全不同的新人？或是可以遇缺不補嗎？請注意，以上只是可能存在的解決方案中的小切片。它們未必全部可行，但有些可以，而有些我沒提到的建議也可以。

如果你和某人無法找到雙方都同意的決定，創意思考也是一個保全顏面的方法。假設你堅持選項A，而其他人則是要求選項B（若是你擅長思考之道，我知道這種情境不太可能發生在你身上，但畢竟我們都難免會碰到），以致你們僵持不下。或許你們雙方私下都希望事不至此，卻還不想讓步。那麼你們需要的是選項C，一個雙方都會同意的選項，而且不必從原本針鋒相對的立場退縮。

比如你想要小型的家庭婚禮，而你的另一半想邀請一百五十人參加？（我預設你們同樣反對邀請七十五位來賓，辦成一場兩人都不是眞心想要的婚禮。）假如你們私奔會怎樣？或是選擇在某個熱帶天堂結婚，那麼能負擔旅費前來的親友會少很多。但是，嗯，你們在某個熱帶天堂，誰管他們？或是根本不要結婚，至少目前不要——再說一次，解決方法幾乎有無限可能，只是你必須找出有效的。

法則83

評估不當決策的成本

決定什麼都不做，也是一個決定。

我曾經和某位朋友談話，讓我印象十分深刻。當時他正苦惱於棘手的決定，因爲擔心會做錯，每天都睡不著覺。我問他：「最壞的結果是什麼？」接下來他明白了雖然那是個重大決定，但即使發生最糟糕的結果，也不算太嚴重。我很高興能清楚地看到，他的臉上逐漸露出解脫的表情。

這類情況發生的頻率之高，一定會讓你驚訝。以我朋友的例子來說，他正在決定是否換工作。他那一行的市場欣欣向榮，他本身的技能又很搶手，所以就算換了新工作之後並不喜歡，還是能夠再找一個。這不是理想結果，卻也不是災難，而且可能性更低，不值得害他失眠。

假設你正考慮搬家，想要爲將來二十年找一處居住的地方，可以在那裡成家、上班方便。所以，你眞的想一步到位。如果你必須再搬一次，同樣也並非世界末日。但是，它的成本很高、壓力很大，也很花時間。

然而，假如你是在上班地點附近找一間自己要住的公寓，那麼即使條件不盡理想，你也不會太在意。若是你不了解錯誤決定會造成的後果，就無法評估正確的決定。

而且，要有長遠的眼光。我見過有些錯誤的決定，長期下來卻有很精采的結果。你以爲被你拒絕的工作比現在這個好很多，可是五年、十年過後，或許你的職位更高，是別的工作無法給你的。升職的時機來得正好、公司擴編……這類事情也許很難或甚至不可能預料，不妨想想這些，你會發現「錯誤」的決定不必然永遠都是錯誤的。

所以，請思考最糟糕的結果，同時思考備分計畫。這一點眞的很重要。如果創業失敗，你該怎麼辦？如果你討厭新工作，那會怎樣？假設你無法進入眞心想唸的大學？這樣的思考過程之所以很有用，原因有兩個。

首先，最糟糕的結果可能是這樣：萬一創業失敗，你能不能賣掉設備和庫存，回到原來的工作（或是很相似的）？若是創業失敗會讓你破產，或許你需要很好的B計畫，以便維持你的償付能力。然而，如果這麼做在財力上可行，它就是你最糟糕的結果，也是B計畫。

第二個理由是，B計畫永遠能減輕生活的壓力。我一而再、再而三地看到，有些人成天擔心害怕，只是因爲他們完全不知道萬一A計畫失敗了，他們該怎麼辦。但是，那些有備分選項的人，緊張與焦慮則會少很多。

此處有個常犯的錯誤。決定什麼都不做（不搬家、不招募新人、不找新工作）也是一個決定，同樣必須評估其他所有選項。大多數人未能徹底了解這一點，但是懂得思考之道的思考者會了解。

法則84

後悔只會浪費精力

你應該做出真正強而有力的決定，而且是有自覺的決定。

很少情緒比後悔更沒有意義。後悔是因為以前做過或沒做到的事而感到難過，但往者已矣，無可奈何，我認為不應該再去想。如果你能改變不喜歡的結果，你就會去做。如果你辦不到，後悔莫及似乎是唯一選項。

但是這樣有點自我放縱，不是嗎？到了最後，你必然落得自怨自艾。對誰有好處？更好的作法是盡你所能不要當個後悔的人，因為後悔是毫無意義的。

事實上，你根本不知道，當初若是做了不同的決定，結果會怎樣。聽好了，現在的你是戴著玫瑰色的眼鏡在看以前那個工作機會。假設你終究接下那份工作，它完美得讓你在第一天上班就雀躍不已，以致過馬路時粗心大意而發生車禍。不會吧，應該不太可能。但是，你不知道。隔壁的同事可能是你的惡夢，或許你是被客戶挖角過來的，而此刻你恨死這份工作……以上每個舉例或許都不可能，但是世事充滿無限可能，而且眞正發生的事或許沒有你想像得那麼美好。所以，不論你現在的處境如何，爲自己的決定後悔是沒有意義的，因爲其他選項可能更糟糕。

即使因爲過去的決定，導致你度過一段悲慘的人生（也有可能勝過其他選項，請見前文），很好，正是因爲那些經歷，讓你成爲現在這麼了不起的人。若非困難、創痛、挫折或悲傷，我們都不會長成現在這麼複雜又充滿魅力的人。要是刪除那些經歷，你也必須連帶放棄自己的一部分。因此，請放下後悔的心，並且珍惜你所學到的，以及它所造就的你。

你還有另一件事可以做，與其追悔過往，不如避免重蹈覆轍：你應該做出眞正強而有力的決定，而且是有自覺的決定。如果從今以後你的每個決定都能經過充分思考、遵循本書的思考法則，以及你在其他書中或網路上所找到的實用策略，你將會明白，每一個決定都是當時的最好決定。等你回想起來，就能了解若是同樣的問題重現，你也會做相同的決定。你會收集相同的資訊、思考相同的選項、諮詢相同的顧問、做相同的妥協、想出相同的備案、設定相同的條件、賦予情緒相同的分量，最後支持相同的行動方針。

如果在相同情況下你也會做出相同的決定，那就很難後悔了。或許你偶爾會希望事情有不同的演變，但是你不會因此悔不當初。

法則85

誠實面對拖延

面對你必須做的決定，坦承你為何不肯著手去做。

喔，沒錯，我說過遲早會談到拖延，不是嗎？我想，不如就現在來談。嗯，是的……這個單元好像已經涵蓋了所有主題。

不管了，最好就這樣開始。

有時候靜觀其變是不錯的決定，但是它必須是出於自主、自覺的選擇。選擇本身就是一個決定，通常附帶期限。例如，你可能想等一年，看看營業額表現如何；可能會有升遷機會，所以先等六個月再遞辭呈；或是暫緩結婚，找到地方可以一起住再說。

除此之外，一件事都不做只是藉口，目的是避免或逃離做決定的責任。那麼，爲何需要找藉口？爲何不做決定？答案可能很多，你必須設法找出哪一個答案符合你的情況。現在，請你從實招來：面對你必須做的決定，坦承你爲何不肯著手去做。一旦你對自己招供了（別擔心，沒有人需要知道你的答案），應該就能採取什麼措施。

也許答案很簡單，你只不過是想不清楚哪一個決定才對。因此，找出你缺少的資訊爲何（事實方面或情緒方面的），然後動手去找。只要你把正確的資料放進來，就能得到最好的答案。

但是，你知道嗎？有時我們之所以無法準確指出哪一個決定才是正確的，是因爲那其實無關緊要。這是放大版的喝茶或喝咖啡問題，就丟硬幣決定吧。沒錯，眞的是這樣。這是很好的策略，當決策含有強烈的情緒成分時，尤其如此。就在硬幣落地之前，你將會知道自己希望它是正面還是反面。正是那一瞬間的反應，不是硬幣，足以回答你的問題。

好吧，你知道該做什麼——這不是問題——但是你一直往後延，因爲心理負擔很大，或者只是討厭改變。你想的是令人畏懼的過程，而不是美好的結果。所以，請專注於房屋擴建之後有多寬敞、你搬到了紐約，或是完全進入新工作。發揮想像力，想像室內空間、新朋友、新生活風格、名聲，或是平和與寧靜。

如果你不確定應該從何處開始，沒關係。隨機選一個起點，接著開始做就行了。愈早讓你的待辦事項變少，你的畏懼感就會愈快減輕。

還記得我朋友的媽媽花了十五年依然找不到中意的房子嗎？她的拖延來自拒絕妥協的意志堅定如山。請看看她的拖延給她帶來什麼？爲你自己設定條件時必須合乎現實，選擇你能實際達成的。

假如這些關於拖延的理由都沒有切中要害，有時候是因爲另有深層的問題尚未解決。或許，在你的內心深處仍然沒有百分之百想安定下來，以致不情願設定婚禮的日期。所以，請誠實面對自己，持續挖掘到底。然後，選個日子、取消，或者延期到你解決了自己的情緒問題爲止。

Chapter 9

理解批判性思考！

Critical Thinking

你的心智必須經過磨銳、訓練，讓你能夠健康而有條理地思考，做出決策、有創意且能解決問題。想成為眞正擅長思考之道的思考者，本單元是必須掌握的最後一組思考技巧。你必須能夠批判地思考，這是以「批判」一詞的傳統意義而言，也就是不帶消極成分，純粹只是為了評估。

這些思考法則能使你學會評估論證、思考得合乎邏輯、提出均衡且有效的意見、建立論點之間的連結，以及找出前後矛盾。你將能夠聽取他人的想法、閱讀網路文章或是研讀書籍，然後進行評估。你能評判資料、分析統計數據，並且就其優點形成自己的見解。到了這個程度，你也能夠分析、評判自己的意見，這是很好玩的事。假如你發現自己在某個議題上的意見站不住腳，不必表達出來，但可以悄悄地修正。

事實和資訊是很可貴的，然而缺乏批判性思考的話，它們的用途極為有限。具有批判性思考，你才能夠善用事實和資訊，對它們進行批判並建立屬於自己的創意想法。假如你做得到，無論是對自己或其他人，你都會變得非常有用。對你的老闆來說，你的高度價值更是不言而喻。

本單元是關於嚴謹的理智，不涉及情緒。因此，請牢記法則50、79、80，以及其他相關法則，不可以讓情緒干擾你的理性思考。論及分析資料、評估論證、審思意見時，你必須穩穩掌控大腦裡的理性、犀利和邏輯。

法則 86

閱讀約翰．敦

你必須在思考時，思考自己的思考。

約翰．敦（John Donne）未必非讀不可，雖然我想不出不讀約翰．敦的理由。他是十七世紀英國的詩歌和佈道文作家（不論你是否跟他有相同信仰，都能獲得閱讀樂趣），最膾炙人口的名句大概非此莫屬：「沒有人是一座孤島。」這是一篇雄辯的佈道文其中的一句，全文主旨即是在證明這一句的觀點。他是平易近人的作家，因爲他的許多詩作都很短，你可以隨時讀、隨時中止，或者每日選讀一首。

想知道爲什麼你必須閱讀約翰．敦嗎？原因在於他的作品不僅優美、巧妙、動人，至今讀來依舊令人感同身受，而且往往發人深省。爲了充分欣賞他的作品，你的大腦必須投入。他善用矛盾、反諷、複雜的觀念和思考縝密的論證，即使是表達最激動的情緒也不例外。

假如你想要成爲頂尖的批判與分析思考者，需要有優秀且內涵豐富的材料供你練習。你必須讓腦袋圍繞著複雜的觀念，藉此訓練心智，直到有需要時能夠自然而然地用同樣的方式思考。而且，與其讓你淹沒在教科書、研究報告或是數學問題之中，閱讀美妙的文字更加樂趣無窮。何況這些美妙文字的內容是歷久彌新的想法，教人喜出望外，甚至還有偶然浮現的幽默感。

如果你喜歡比較露骨地表現幽默感，可以觀賞喜劇演員史都華·李（Stewart Lee）的節目，他的慣用手法是在表現幽默時顛覆自己的表演。再強調一次，我們所追求的是層次繁複以及引人深思的內容。

當然，還有許多作家和表演工作者都能滿足相同的目的，但這兩位是我特別偏愛的，至少值得你一試。如此一來，你才能確實了解我想說的意思。然後，請隨意去找任何適當的對象，只要他們也能夠提供相同的心智訓練。

更好的作法是，在你享受過獨自練習的時光後，去找朋友一起討論想法。要認眞找到願意跟你討論任何想法的人。我們的社交話題有太多是關於別人的新聞，或是討論活動、分享興趣。這麼做無可厚非，但是，請找到至少願意花一點時間和你辯論想法的人，例如關於哲學、政治、心理學，任何你感興趣的主題都可以。*但你們不要水火不容，誰都不肯讓步，因爲這種情況無法幫你們思考得更好。

你的目的是讓心智更敏捷、更靈活、更能在不同論點之間跳躍。此外，你必須在思考時，思考自己的思考。這是主動抽離，是對自己的思考進行分析與批判的能力，讓你身爲眞正熟練思考之道的思考者，能夠更上一層樓。

*不必侷限於這幾門學科。

法則87 不要被愚弄

所有人都是基於某個理由，想將產品、觀念或信仰賣給你。

世上充斥著告訴你該做什麼、相信什麼的人與組織。從廣告到假新聞，我們周遭到處都是操縱人心的資訊，目的是推銷我們購買某罐豆子、聽某種音樂、穿某些服飾、投票給某位候選人。

我不認識你，但是我並不想聽你指示我該做什麼，更不喜歡你告訴我該如何思考。我喜歡自己做決定、形成自己的觀點，謝謝再聯絡。

話說回來，我當然必須買罐裝豆子、穿戴服飾，也會選擇聽某種音樂，以及投票。我讀到、聽到，或是在網路上看到的各方面訊息，有的確實很有吸引力。也許它們就如同外表一樣好。是嗎？你究竟要如何判斷自己聽到了假新聞或是被假承諾唬弄了？

方法就是提出相關的問題。請記得這些日子以來你所練習的獨立思考，你必須保持自覺的是：所有人都是基於某個理由，想將產品、觀念或信仰賣給你。你在決定是否接受他們推銷你做的事之前，必須先知道那個理由是什麼。因此，別傻了，在下定決心之前請認眞思考。記得法則3嗎？現在是法則3在批判性思考上的應用。

首先，就你收到的資訊，問問自己：誰會從中獲益以及如何獲益？假如你正在觀看廣告，它的背後是誰大概很明顯。但是，更廣泛的訊息呢？那個騎自行車要戴安全帽的宣傳廣告，是健康服務組織還是安全帽廠商贊助的？告訴你未經殺菌處理的牛乳非常危險的人，是否有政治動機？這些答案不一定會導致資訊作廢，不過確實有助於解釋。

有些人企圖愚弄你，會給你片面資訊，並且希望你不會發現。我的妻子還記得，很多年前某位護士告訴她，有若干百分比的孕婦因爲食用水煮蛋而感染沙門氏桿菌，對胎兒會造成傷害。就算百分比相當低，仍然有可能嚇阻你——這是故意的。但是，先等一下，這資料還遺漏了相關資訊。你注意到了嗎？你一定注意到了。你需要知道，胎兒被傷害的可能性爲何？如果孕婦感染沙門氏桿菌，實際受到傷害的胎兒有多少？每十個有一個？每十萬個有一個？這兩者的差異非常大。你可能依舊認爲任何風險都算太高，而我並非建議你懷孕也可以吃水煮蛋。我是建議你要獨立思考，包括質問爲何這部分的資訊沒有被包含進來。或許其中有很好的理由，但是如果你是眞心想成爲擅長思考之道的思考者，應該知道那個理由是什麼。

你也必須注意情緒語言。機關組織、政黨和廣告商都喜愛使用飽含情緒的語詞和圖像，目的是說服你用他們的而非你的方式思考。當對方針對你使用內疚、恐懼、情緒勒索等這些工具時，你應該學會辨識的眼力。慈善組織幾乎總是會給你看照片，上面是漂亮而挨餓的兒童，或是呆萌的毛小孩。*即使這是善舉，而且你選擇捐獻，應該要意識到自己正被操縱。

*我始終不確定這麼做是否道德。這是個有趣的問題，值得深思。

法則88

退後一步看清大局

無論你在做什麼，請尋找它的大局何在。

有一位資深經理去應徵經營大型野生動物慈善組織的工作，面試過程十分徹底，橫跨好幾天時間，包括參觀、面試和簡報等。她耗費極長的時間研究那份工作的需求、該慈善組織的架構、他們如何運用金錢，並且收集很多證據，證明自己有能力控制預算、管理組織，也具備他們尋找的管理風格。

最後，她開始撰寫簡報。初稿完成時，她請我的一位朋友幫忙審稿。朋友告訴我，她爲組織的未來設定非常清楚的遠景，也說明了她將如何實現目標……但是，她完全沒有提到野生動物保育。她只專注在所應徵的職位，始終忙著關心它的日常工作，卻忘了觀看大局。所有面試她的人之所以會加入該慈善組織，全是因爲熱中於野生動物保育。他們不會聘用對此事缺乏興趣的人，不論對方的管理資歷有多麼傑出。

這是個很容易犯的典型錯誤。你如此專注於細節，以致錯過了大局。你的問題在於，你會錯過「有個大局會被錯過」的事實。所以，你該如何訓練自己的思考技巧，才能思考你沒有注意到且應該去尋找的事物？

答案是——如同所有的思考技巧——練習。只要你的心智養成尋找大局的習慣，它就會自動思考大局。所以，無論你在做什麼，請尋找它的大局何在。你每天都必須設法思考幾回，直到你的心智習慣尋找更宏觀的視角，不再需要提示。

爲什麼你在洗碗？細節觀點：保持碗盤乾淨。大局觀點：家人有乾淨的碗盤盛裝食物，才能保持健康。

爲什麼你們在這裡開會？細節觀點：爲了檢查我們下星期展覽的計畫。大局觀點：展覽必須運作順暢，爲公司帶來成長所需的新業務。

爲什麼野生動物慈善組織需要總裁？細節觀點：要有效經營管理組織。大局觀點：對野生動物有巨大而正面的影響。

你可以思考爲什麼讀床邊故事給孩子聽、爲什麼經營青少年社團、爲什麼要去度假、爲什麼養狗。有時候你得到的答案會有點模糊不清，有時候理由可能不只一個。別緊張。你並非一定要知道養狗的理由，只是需要訓練大腦能更有效地思考。你也可能會細想爲什麼要這麼做。

法則 89

尋找下一步

請將資訊視為起點而非終點。

最優秀的思考者和一般人不同，其中一點是別人停止思考之處，他們仍然繼續。學校教師會告訴你，這是用來分辨最聰明的學生的典型方法。即使你小時候沒有這麼做過，現在也能學會。

不要被動地接受他人給你的資訊或觀念。請將資訊視爲起點而非終點。你能從這裡往哪裡去？如果這是眞的，其他有什麼也可能是眞的？或其他有什麼必然是眞的？再或者，接下來會是什麼？請尋找演繹、外延、相關和推論。

顯然你無法一直這麼做。還是說，你做得到？實際上我們都能在小地方做得到，現在只是把思考範圍加大而已。如果我提議去看電影，也告訴你電影開場的時間，你會利用這個資訊想出是否下班後先回家換衣服，或者需不需要直接前往電影院。假如我告訴你片長多久，你就能推論出它是不是今晚的最終場。

我有位朋友正要買一隻純種幼犬。她知道應該先確定繁殖戶是否信譽良好，以及幼犬養大的過程是在室內跟人相處，而不是在戶外的繁殖場。但是，你如何從網站知道這些？她很快就注意到，許多網站都有小狗在室內活動的大量照片，有時照片會多達上千張。狡猾的繁殖戶可能會僞造幾張室內的照片，但不至於費心造假上千張。所以，她知道可以信任附有大量照片的網站。

這是簡單的運算及自然而然的思路。但是，若非你有一點資訊並利用它引導你前往下一處，你連這個層次的思考也寸步難行。現在你需要做的，是在閱讀報告、收看新聞、聽取簡報，或是聆聽別人發表看法時，務必讓大腦養成質問下一步的習慣，看出其邏輯進展，以及提出預測。

許多企業家能成功創業，是因爲讀到或聽到某些事而讓他們思考：「等等，如果是這樣，就可以確定大家會喜歡這個或那個產品……」

回到二〇〇五年，有一家汽車保險公司就有這樣的思考跳躍。衆所周知，根據

房、讓議會闢建自行車專用道，那麼少許精心挑選的資料，比起堆積如山、令人生畏的書面報告，裡面充斥著統計學、數字和圖表，效果會高出許多。

下一步是爲資訊瘦身。若是你能在資訊到手之前就這麼做，那會更好，因爲效率更高。你可以花一整天研究資訊，再進行篩選、減量，或者實際上先仔細檢查，然後只花半天在研究工作上。我知道自己偏好哪一種。所以請你思考：開始研究之前，先了解需要及不需要哪些資料。

沒錯，你需要做的，是清楚而明確地知道自己的目標爲何。如同各種熟練的思考，你必須恰如其分地思考你的目標。你可因此獲得適當的工具以衡量資訊，才能判斷它是不是你需要的。

所以，你不要只是想到說服議會闢建自行車專用道。你的目標應該更具體一點。你在這個階段要的是原則上同意，或是想爭取某條特定路線？能影響他們的因素是什麼？車禍統計數字、成本、吸引觀光客、讓本地人高興？他們會反對的理由是什麼？或者同意的理由爲何？

只要你能精確知道應該呈現什麼，即能更清楚看出需要使用什麼論點，並且以資料佐證。舉例來說，挖掘旅遊業所受影響的相關數字是沒有意義的，除非它確實是問題所在。

明辨資訊是否相關的能力，對於批判性思考而言非常重要，不只是因爲能節省時間，更因爲它能讓思考更順暢，以及引導思考應用在眞正需要思考的對象。

法則91

審慎思考機率

你必須小心自己對於風險的覺知。

一般而言，我們對計算風險都一竅不通。這一點眞是遺憾。當我們在評估選項及做決定時，若是能知道風險，會多麼有用。比如說，假使你害怕搭飛機，你認爲飛機會墜機的可能性，會比鄰座那位經驗豐富、輕鬆自在的旅客所想的來得高。你們兩個不會都是對的吧？不只如此，比起仍安全待在地面的你所想像的，身在飛機上的你認爲飛機會墜機的可能性還是高很多。我說「安全」，但是就統計學來說，在地面上遠不如你想的安全，假如你開車、過馬路或打橄欖球，還是具有危險性。雖然你不會將這一點列入考慮。

我們都一樣。在某個程度上說，它與人性同在。在任何情況下，即使是專家也未必都能準確把握風險有多大。所以，我並非建議你在計算風險時每次都要利用思考而達到完美的結果。然而，當你在評估採取某個特殊行動方針的風險時，必須了解各種陷阱，這是非常重要的。你必須小心自己對於風險的覺知，對於周遭企圖說服你接受或拒絕某個決定的那些人，你也必須注意他們對風險的覺知。

你需要考慮的重要因素之一，是平衡風險與獲益或損失。如果某個小風險在最佳狀況下能帶來極小的回報，而最壞的狀況下則是一場災難，那麼大概不值得你冒險。另一方面，假如某個顯著的風險可保證巨大獲益，但是有微小損失的可能，這是值得接受的。因此，在思考風險時，請你將這一點列入考量。

也請你謹記在心，一般人（沒錯，就是你）更傾向於承擔能保證巨大利益的風險，即使可能造成的損失也很重大。此外，假如是與我們喜愛的活動有關，相較於不喜歡的活動，我們會低估前者的風險。從事你能控制的活動，你更有可能低估其風險，例如開車、滑雪、跑步下樓。事實上，你在難過、生氣或害怕時，會比心情很好的情況下，更容易低估任何風險。

有一種現象本身即是風險：如果你未能讓大腦保持有備無患並提高警覺的狀態，就會忽略原本應該要小心的風險。當你專注於更大的風險時，尤其如此。所以，假使你擔憂（你意識到的）搭飛機的風險，或許就不會注意到把護照忘在家裡的風險。

你也應該留意逐漸累積的風險。某些決定會涉及一系列潛在的風險，例如成本提高的風險、重要的人離開的風險、比原計畫更費時的風險、品質不良的風險。如果這一切風險都被你輕微低估了，你可能已經嚴重低估整個專案的風險。而且，某些風險或許會導致其他風險更可能發生。

法則92

事實是中性的

聰明的思考不盡然都是舒適或美妙的。

你必須避免草率思考的所有陷阱，必須對此提高警覺。我說的陷阱，是指讓我們相信自己的思考比實際上更敏銳的小偏誤。我們要的不是覺得自己很聰明，而是成爲聰明的人。我們應該找出陷阱，在未掉入之前就先採取防範措施。

我在法則76曾經提到，思考的重大錯誤之一，是相信事實、資料、統計數字全都支持自己的觀點。它被稱爲確認偏誤（confirmation bias），亦即尋找能支持論點的資訊，或者將你所呈現的事實視爲站在你這邊。這麼做能讓人感到非常舒適，覺得自己是正確的，並且省下改變心意的努力或是覺得臉上無光。多麼美好又簡單。

除非你是善於思考之道的思考者，否則聰明的思考不盡然都是舒適或美妙的。

有時候聰明的思考代表重新評估自己的信念，或是徹底改變整個處事方法。這是成爲頂尖思考者必須付出的代價。你不要再想著「美妙又舒適」了。

聽好了，事實沒有興趣幫你一把。它們不會想選邊站、支持你，或是證實你的思考。它們就只是事實，好嗎？有時候它們或許剛好能強化你的觀點，有時候則是否定你。事實就是這麼一回事。你必須做的，是在理解其意義時保持冷靜，因爲它們無法表達自己的意義。那不是它們的工作。

假設我調查訪問一千人，問他們最喜歡哪一種狗。讓我們想像最高比例有八％的人投拉布拉多犬一票。那是個事實（在我想像的世界），它無意告訴你任何事。它就是事實而已。

現在，有位拉布拉多犬的愛好者看到這個結果，知道喜歡拉布拉多犬的人比較多，感到很開心且毫不意外。他們一向就是那麼想的，當然是拉布拉多犬最棒了。但是，厭惡拉布拉多犬的人看到這個數字*，會覺得自己的看法完全得到證實。看看大家怎麼想的！喜歡拉布拉多犬的人還不到一成呢！九十二％的人沒有把牠擺在第一名。

所以，誰才是對的？當然，在某個層次來說，他們都對。他們都看對了資料，可是他們的詮釋有天壤之別，因爲他們都落入了確認偏誤的圈套。看看這個偏誤讓他們雙方多麼輕鬆愜意。不必想自己或許一路錯到現在、不必反省是否其他人對拉布拉多犬的看法眞的跟自己一樣、不必在其他拉布拉多犬愛好者（或厭惡者）面前覺得沒面子。

請你注意，如果你想要獲得眞相，就必須質疑你對事實的詮釋、詰問你自己的思考過程。這不見得都是愉快的事，但是必須去做。

*我知道這樣的人不是真的。其實我正要關閉這個想像的世界……

法則93

勿輕信統計數字

別人給你看的統計數字，絕對不會跟他們的主張自相矛盾。

「八十七%的統計數字是在現場調查到的」，這是我經常引用的事實，雖然有時候我會改說五十六%。

你無法眞的了解統計數字，除非你知道別人是怎麼操作數字的。他們能夠利用數字的操作，使你同意他們的想法。統計數字是支持論點時非常有力的手段，因爲它會讓人誤以爲是事實。以統計數字的形式呈現眞正的事實，是絕對辦得到的。可是，你永遠都不要假設所看到的就是這樣的數字，等你徹底檢驗過了再說。你是認眞的批判思考者，不要讓任何人愚弄你。

一開始就必須檢查資訊的來源，以及是誰付錢取得的。你有信心說它是中性的嗎？它的樣本數是多少？它是對一萬人或是八人的調查？受訪者是誰？如果它是民意調查，它使用哪些問題？假設你被問到以下兩個問題：

- 你是否相信選擇自由？
- 你是否相信政府應該避免民眾飲酒過量？

我猜想，第一題答「是」的人會多於第二題，但是這兩者都可以被納入對酒精飲料的態度調查，選用哪一題，取決於打算塑造什麼印象。

還有一個常見的事實操作手法：假設你開了一家書店，去年有十名顧客，今年有二十名，你可以說顧客人數翻倍了。這是真的，但其實只有十名顧客有消費。而且以一般書店而言，我敢說你的麻煩大了。同理，如果你的顧客人數從一百名增加到一百五十名，你可以說去年的顧客人數只有今年的三分之二。或者也可以說，你的顧客基數已經成長五十％。這兩種說法都沒錯，但是給人的印象則有所不同。

統計圖表讓面目可憎的統計學家有更大的操作範圍可誤導你。最明顯的例子，是圖形左側的刻度並非從零開始。請想像某個統計數字共有兩欄，一欄顯示有一百五十五單位的某種東西，另一欄則顯示有一百六十單位。做成圖形的話，它們應該高度差不多，對吧？現在想像一個長條圖，圖形左下角的底部起點不是零，而是一百五十。所以，它只會顯示各欄的頂端部分。其中有一條是顯示五，另一條顯示十，高度是兩倍。這一招，還有其他很多變形，正是設計來愚弄你的，不要上當了。

再說一點，別人給你看的統計數字，絕對不會跟他們的主張自相矛盾。所以，你隨時都應該思考及研究，查明是否還有其他統計數字代表不同的觀點。喔，那個數字呈現的方式當然也可能在誤導你。

法則94

認識因果關係

將多組資料拆開，確定是否真的有相關性。

有時，別人會想說服你某兩組資料是相關的，他們甚至會動用圖表證明給你看。他們經常是正確的，但並非永遠都是。身爲熟練的批判思考者，你不會輕易相信，是嗎？你會將它們拆開，確定是否眞的有相關性。

論證的第二階段是推論，如果這兩件事是相關的，它們之間必定是因果關係，亦即此事必然導致彼事。一個眞實的例子是：同一群體中吸菸的人愈多，罹患肺病的人也愈多。如我們所知，那是因爲吸菸會造成肺病。

有件事可能會讓你非常吃驚：美國緬因州的離婚率，跟每個人食用人造奶油的總量有密切關係。這可是貨眞價實，如假包換。但是，這完全是巧合。看到沒？即便原始資料是眞的，並不表示你可以外延到兩者之間有任何關係。

如果兩組資料（簡稱A和B）是相關的，你必須思考四種可能的解釋：

- A導致B。
- B導致A。
- 兩者完全沒有因果相關。
- 另有其他原因導致它們。

我再給你一個典型的實例。在夏季，冰淇淋的銷售量與謀殺案件的數量，兩者呈現相似的成長率。然而，若是理所當然地認定其中一項是另一項的原因，那就不對了。事實上，還有另一個外部因素「炎熱」，可以解釋這兩件事。

假設你確定某個款式的汽車發生撞車事故的次數最少，所以，假如你（爲了論述方便，假設你是二十幾歲的男性）買這款車，就比較不可能發生車禍。「太理想了！」你可能會這麼認爲。現在讓我告訴你，這些汽車之所以比較少發生車禍，唯一的原因在於它是中年女性駕駛特別愛好的車款。這就是爲什麼車禍統計數字支持這一款車。

你收到的任何資料，都必須探究它的來源，並且質問被調查或參與測試的對象是誰。長久以來，人們注意到接受過生育治療的女性，罹患卵巢癌的可能性較高，在治療時使用的荷爾蒙難辭其咎。目前醫生則認爲，實際上的問題在於不孕症而非治療，但只有關於治療的統計數字。當然，研究群體都是接受治療的特定女性，這一點也必須列入考量。

法則95

無法證明是真的，未必就是假的

不要因為證據和證明一團亂而感到內咎。

你相信心電感應嗎？也就是有人能說出別人在想什麼，即使對方並不在現場。

僞科學思考最普遍的一個元素，是相信某件事不是眞的，除非你能證明它是。許多人都會這樣說：「因爲這些事缺乏科學證據，所以不是眞的。」但是，請記住：曾經有一段時期科學還沒有能力證明地球繞著太陽公轉，科學卻沒有因此停止努力證明。

我不是在說我相信心電感應，可是我也不會對它嗤之以鼻。可惜我並不相信魔法（但願我相信），所以我個人認爲，如果心電感應眞有其事，一定有個理性的科學解釋，只是還沒有人找到。我有過一些經驗，似乎能支持心電感應的主張，然而我也無法證明它們並非驚人的巧合。*

所以，不要只是因爲缺乏證明，就被欺騙而排除了某些可能性，你必須發揮智慧才行。物理學家會告訴你，幾乎整個物理學最終都是無法證明的。物理學只是依據原則運作，一旦論證的份量變得難以負荷，就必須認定科學理論是眞的。再者，看向科學以外的世界，我能合理地假定我的家人都愛我，雖然我只有他們對我說的話當證據。

另一方面，勿將錯誤的證據當成證明。我認識一些人，他們善於用惹怒別人的方式混合自己的經驗，然後當成證據。比方說，如果你告訴他們，擅長數學的人比較多是棕色眼睛的（這是我瞎掰的），他們會立即設法告訴你絕對不是這樣，因爲他們有數學超強的朋友眼睛是藍色的。看吧！或者，他們會說有其他朋友的眼睛是棕色的，數學卻爛極了。

高明的思考者能理解這是毫無意義的。我瞎掰的資料並沒有說所有棕色眼睛的人都很擅長數學，也沒提到非棕色眼睛的人沒半個數學好的。我的資料只是說擅長數學和棕色眼睛之間的相關性，高於其他眼睛顏色而已。別人的個人經驗可能與此不同，但是無法否定我（經過詳細調查而辛苦獲得）的研究結果。而且，許多遇到這項資料的人，會傾向於注意到例外，因爲例外特別突出。所以，就算他們可能會立即想到藍色眼睛且有數學頭腦的朋友，實際上若是他們調查所有朋友，其結果將證實我的研究。如果我不是瞎掰的話。

因此，不要因爲證據和證明一團亂而感到內咎，或是認定無法證明的就是假的。請保持開放的心胸，並且盡可能以中性而平心靜氣的態度，評估你收到的所有資料。

*也請你記住：如果從來沒有巧合這回事，那麼它真的是令人驚訝的巧合。

法則96

不要隨聲附和

假設只是懶於思考的藉口。

假如你天生就是隨波逐流的人，總是等待著要迎合群體，你會發覺批判性思考特別充滿挑戰。當個團隊成員、黨派一分子，當然無可厚非，但是這樣做並不會讓你過得比較輕鬆。請你不要以爲當所有人都有相同的想法，事情就會自動變成大家想的樣子。了解這一點確實非常重要。我在法則1提過這一點，並從你的價值與信念的角度談到它的重要性。

談到批判性思考，它也一樣重要。如果我們都以相同的方式思考、依循相同的邏輯途徑，有誰能產生新的想法？如果達爾文假設別人都是對的，他怎麼可能發展出演化論？上古時代的人如果都樂於打獵和採集的生活方式，怎會有人想到定居一個地方，改以農牧維生？

假如歷史上的偉大發明家想的跟其他人一樣，將會一事無成。你應該隨時知道自己的信念背後的推論過程，跟隨你的思路，千萬不要仰賴「大家都這麼說」或「大家都在想這個」。無論你的假設是基於什麼理由，假設只是懶於思考的藉口，擅長思考之道的思考者從不會懶於思考，無論如何都不會懶於自己的思考。

其實，小聲說幾句，你偶爾可以允許自己在思考上偷懶一下，但是有一個條件：你必須知道自己偷懶的原因，而且能有自覺地決定立即脫離這種狀態。或許這是一天結束時你已筋疲力盡了，或者是不想跟某個從不服輸的人爭論（如果你自己也是從不退讓，更必須如此）。

對於有些事，你當然會跟每個人想的一樣，有許多事都是如此。有些公認的觀點是不容置疑的，例如，在汽車業的人都認爲，「車子愈安全愈好」是很重要的原則。這種情況我非常同意。然而，假如你從事汽車業，知道這是個普遍的信條，而且你是有自覺地同意。這仍是你值得具備的態度。

但是，我相信你的同行大多數人同時也假設：汽車應該設計得能夠跑得愈快愈好、引擎應該置於前方、雨刷是清潔擋風玻璃的唯一方法、後座中間的位子不必像左右兩邊那麼舒適也沒關係（我始終想不通）。你是否確定應該盲目跟隨這些想法，只因爲大家都這麼想？或許其中有些是正確的，但是，如果你從不質問流行的假設，你永遠不會知道。

法則97

不要為了相信而相信

你最需要質問的想法、信念和觀念，是你喜愛的那些。

我經常感到好奇的是，有些陰謀論根本經不起嚴謹的檢驗，或者，很多情況是隨便看一眼就能破解，爲何有些人會熱中於相信？以地平說信徒爲例，他們必須將事實捆綁在一起，以證明自己的信念合理，並且假定無數謊話和陰謀，只是爲了將理論塞入長遠持續的論證之中。

你可能對「奧卡姆剃刀」耳熟能詳，這是一條名字怪里怪氣的科學「法則」。它認爲簡單的解釋往往是正確的解釋。然而，任何種類的陰謀論從來都不是簡單的解釋。部分原因在於：如果它們很簡單，它們大概是眞的。我也相信另一個原因：如果它們是眞的，那就很無趣了。

你看，我已經得到結論：大多數人之所以相信不可能的學說，是因爲他們想要相信。就這麼簡單。我確定他們不會承認，因爲這麼一來會使他們的主張相形失色。但是，我見過那些擁護不可能理論的人，沒有一個不是樂在其中的。我必須承認，偶爾我也會忍不住迷上陰謀論，因爲我喜歡好聽的故事。陰謀論一向非常有趣，而且情節布置巧妙。那些單調乏味卻令人遺憾的眞實解釋，根本難望其項背。

對大多數持懷疑態度的人來說，陰謀論看起來就像是鬼扯。然而，陰謀論只是極端的例子，我們絕大多數人偶爾都會做這種事：相信某件事只是因爲我們想要相信它，而非因爲理性的論證告訴我們，它是眞的。

我們想要相信社群媒體對自己有益、我們想要相信自己支持的政黨比他黨好、我們想要相信自己的情人沒有劈腿、我們想要相信自己的產品有市場、我們想要相信自己的小狗今天不想散步。不論有多少證據跟我們唱反調，沒關係。我們依舊偏袒它，而且只看得見那些零星細碎的證據，因爲它們能支持我們的理論——我們想要相信的理論。

好吧，其實那是你的觀點。但是，你必須挑戰這些觀點和意見、你對資料的詮釋、你的提議。你必須確定自己的想法眞的經得起檢驗，才能正當地思考它。此外，假如有別人企圖與你爭辯，你必須確定它也能經得起檢驗。即使你沒有改變看法，你也會找出更進一步的支持論證，讓你有更好的準備，才能面對下一次挑戰。

所以，請想像某個你希望在辯論中被你攻擊的對象，由對方採取你原來的觀點，而你則是提出反對的論證。試著扮演兩邊的角色並且大聲說出來（也許不宜在公共場合，你不想因爲在大街上自我互毆而被逮捕吧）。

假如你能設法改變自己的想法，可以給自己一點獎勵。不過，現在是測試階段。我希望你的辯論比較常見的情況是讓自己安心，覺得你是對的，更勝於成功改變自己的觀點。

雖然如此，若是經過一段期間而你從不曾改變任何觀點，你應該開始擔心。假使你能正確練習，應該會有修正觀點的時候。如果你有發生改變觀點的情況，比較不可能出現一百八十度大迴轉，但如果有因爲辯論而成功出現一百八十度大迴轉，你應該視爲整體進展的一次重大成功，而非看成是對以前觀點的負面反映。畢竟你轉彎了，以前的觀點只是成爲一個中途點。

扮演反方律師還有一個優點，就是拓展了從他人觀點思考的能力。能夠從辯論雙方的觀點思考，這個長處是非常重要的生活技巧。它讓你更有同理心，也能成爲更優秀的思考者。所以，用反方律師這個方法檢驗你的觀念，是非常有價值的，不只對於你當下的思考來說是如此，就它對你的整體思考發展而言，也不例外。

法則99

不要劃地自限

誰說因為正在執行就必須停止思考？

當資訊改變或是普遍的觀點轉向，你的信念會發生什麼變化？你會改變觀點或是適應？或者堅持一向的看法？它以前夠好，現在還是夠好嗎？

那是許多人會採取的態度，但這種作法毫無意義。我們都知道，一般人不喜歡改變，至少在自己無法掌控改變時是這樣。可是，請你聽好，在科學方面，當新資料出現而否定了舊理論，就必須修改或甚至拋棄舊理論，全體科學的進步都有賴於此。牛頓的萬有引力理論夠好了，直到愛因斯坦指出它只夠那麼好而已。

不只科學是這樣，來看社會態度吧。我年輕時，西方社會對於種族、性、女人的態度，跟現在有極大的不同。並非每個人一開始想到的觀念就是無懈可擊的，假如每個人都堅守跟他們一起成長的種種偏見，社會的改變會比原來更緩慢。社會前景改觀的原因，不只是因爲年輕一代接受更平等的觀點，也是因爲許多老一輩的人逐漸調整他們的思考。說服他們的，是他們聽到的論證、見證到的態度、遇見的人。他們的心智也擴展了，能夠看出他們的舊想法已經過時。對於還有更多老一輩的人未能加入，他們會感到可惜。

社會態度的改變是逐漸形成的。因爲改變的速度如此緩慢，才讓你幾乎沒有察覺到觀念在變化。大多數人的心智一旦有了特定的觀念，就很容易固步自封。我不只是在說長期的態度，也是指支持當下的主張。當你下決心必須搬家、推出某產品線、籌組本地女子足球隊、成爲素食主義者，或是降價，很容易會讓這個信念在心裡固著。在做決定的期間，你可能會審慎而周延地思考，但是此刻你已經封閉思考。大功告成，停止思考的時候到了。於是封鎖你的決定，然後依決定行事。

嗯……誰說因爲正在執行就必須停止思考？以上這一類決定不應該一成不變，那麼做並沒有意義。如果獲得新資訊，爲什麼不可以重新考慮，或許進而修訂觀點？有些人認爲吸菸是好事，尤其是當你的肺已經很糟糕了（如果你吸菸，那就很有可能）。然後，科學家提出的新資訊顯示，吸菸事實上是非常不健康的行爲。你認爲現有的吸菸人士應該無視新資訊嗎？你當然不會這麼想。

你決定搬家。現在，假設你遭受到重大的財務打擊、你的大兒子要搬回來一起住，或是房市變化出乎意料。那麼，重新考慮你的決定，才是天經地義的作法。你可能會堅持原來的決定，也可能不會。但是你必須對改變保持開放的心胸。所以，永遠不要對任何事固執己見，或者，固執到新資訊出現之前就好。然後，請重複檢查你的觀點是否仍然有效。

法則100

意見並非事實

它們都是有效的信念，卻不是經由邏輯推理得到的。

我在本單元的前言提過，批判性思考中沒有情緒存在的餘地。然而，我應該指出一點：許多「理性」論證事實上都是情緒主張，一點也不理性。你必須能夠認出它們，不論是你的觀點或是其他人的。

在英國，關於我們是否應該成為歐盟的一部分，已經激烈爭論了將近半個世紀。在任何階段——我們加入嗎？我們退出嗎？我們簽署這份或那份協定嗎？——爭論的雙邊人馬都很激情地提出他們的主張。你是不是想過，直到如今全國應該研究出正確的答案、論證的勝負也已經揭曉。但是，他們並沒有（可能永遠不會）。

爲什麼沒有？很簡單。因爲根本沒有正確或錯誤的答案。沒有人眞正知道經濟、外來移民、產業等方面會發生什麼變化，到時候才會知道。所有都是預測、假設、最糟糕情況的想像。那些宣稱事實能支持其論點的人，其實是自欺欺人。假使有事實能夠首尾一貫地支持某個論點而壓過其他的，我們差不多都被說服了。

這些人所擁有的只是意見，這是被他們的心而非大腦驅動的信念。他們想要成為廣大歐洲的一部分、覺得外來移民對國家有害、相信權力應下放到最可能的基層。這些信念都相當容易理解，不幸的是，它們並非都是彼此相容的，所以不會有共識。每個人都可以找到支持自己立場的實例、事實和論證，而且顯然每個人也都能忽視不支持的實例、事實和論證。

人們之所以說，你應該永遠不要討論政治或宗教，因為一定會導致爭論，其理由在此。大家都不會透過理性論證而改變在這些方面的觀點，因為那些觀點並非理性的立場。它們都是有效的信念，卻不是經由邏輯推理得到的，而且也不會被邏輯推理取代。話雖如此，一般人喜歡為此爭辯，彷彿它們都是理性的觀點。而且，當他們遇到的事實與統計數字可能形成嚴重的挑戰，必須捍衛自己的非理性立場時，爭辯就可能變得極端激烈。

我不曉得何以人們未能更了解這個現象，以及為什麼他們覺得以下這番話是說不出口的：「我對邏輯論證毫無興趣，謝謝。這是我打從心裡相信的事，我不認爲有必要理性地捍衛它。它不是基於事實，而是基於我的個人價值。」

我們所做的，其實是根據我們的價值而採取立場，然後利用我們認爲合乎邏輯的推理，以及剛好可以支持我們的任何事實和實例，將它理性化。

想堅持這些非理性的信念並沒有關係，但是應該對此有自覺。當別人有這種行爲時（比你不有意地*），要能看透。而且，明白你永遠別想以論證說服他們，因爲這種行爲不是如此運作的。願意的話你就去爭論吧，但是你會徒勞無功，要接受這個結果。

*這算是個說詞嗎？它應該是。

法則只是法則

These Are the Rules

本書集合眾多思考法則，是「法則書」系列之一，能在人生的各個面向共同成爲你的指導方針。但是，這些並非無上命令，沒有一條法則是告訴你生活必須如此。我會觀察快樂、成功的人士在生活上所遵循的習慣、態度和行事風格，本書的法則即是我的觀察心得，如此而已。假使我們也遵循這些法則，理所當然能夠過得更快樂、更成功。它們並沒有強制性，不過，你何不加入呢？

如何使用思考法則

爲了讓人生能夠過得更快樂、更成功而閱讀一本有一百條思考法則的書，會讓人有點裹足不前。我的意思是說，你要從何處開始？你可能會發現自己早就遵循著本書的一些法則，然而你怎會期望一口氣學習幾十條法則，又通通拿出來練習？別緊張，你不需要那麼做。請記住：你沒有義務做書中提到的任何事。你去做只是因爲想做。讓我們把負荷量維持在可以勝任的程度，你才會持續想去做。

你可以依自己想要的方式來做，但如果想聽聽我的意見，我的建議如下：先全書讀過一遍，然後選出三、四條法則。這些法則是你認爲會讓自己大幅改變，或是第一次讀到時就特別吸睛，或是看起來很適合做爲起點。請將它們寫在此處：

請花幾個星期的時間練習這三、四條法則，直到它們深植在你的內心，你不必特別努力就能做到。此刻它們已經成爲你的習慣，這是好習慣，你做得很棒。現在你可以選取其他想要克服的法則，重複本練習。請將它們寫在此處：

太好了！現在的你確實進展順利，請繼續保持自己的節奏來練習思考法則，不必著急。請你記住：不是只有我能觀察，你也能觀察別人，看看有哪些法則是對他們有效，對你也會有用的。假如你看出了某條法則是本書沒有收錄的，你可以自行納入。請條列你想要見賢思齊的補充法則清單，將它們記在這裡：

若是你對這些新法則祕而不宣，就太可惜了，請你儘管拿出來與其他人分享。

假如你願意公開分享到我的臉書專頁，我會非常樂見其成。請至以下網址：

www.facebook.com/richardtemplar

引用資料誌謝／

（本書引用頁碼：人名／資料出處）

P. 3：法國哲學家勒內・笛卡兒（1596~1650）

P. 61：波斯詩人奧瑪・開儼（Omar Khayyam）／《魯拜集》採用費茲傑羅的譯文。

P. 101：阿佛烈・丁尼生（Alfred, Lord Tennyson）／詩作〈尤里西斯〉（1842）。

P. 124：羅伯特・漢隆（Robert J. Hanlon）

P. 151：湯瑪斯・愛迪生

P. 156：威廉・莎士比亞

P. 165：萊納斯・鮑林

P. 290：亨利・福特

P. 305：約翰・敦

思考的法則：打造美好習慣的100個練習

作　　者——理查・譚普勒
（Richard Templar）
譯　　者——黃開
特約編輯——洪禎璐

發 行 人——蘇拾平
總 編 輯——蘇拾平
編 輯 部——王曉瑩、曾志傑
行 銷 部——黃羿潔
業 務 部——王綬晨、邱紹溢、劉文雅

出 版 社——本事出版
發　　行——大雁出版基地
地址：新北市新店區北新路三段207-3號5樓
電話：(02) 8913-1005
傳真：(02) 8913-1056
E-mail：andbooks@andbooks.com.tw
劃撥帳號——19983379　戶名：大雁文化事業股份有限公司
美術設計——COPY
內頁排版——陳瑜安工作室
印　　刷——上晴彩色印刷製版有限公司
2020年 05 月初版
2023年 12 月二版1刷
定價　499元

THE RULES OF THINKING
First edition published 2019 (print and electronic)

ISBN 978-626-7074-67-1
ISBN 978-626-7074-69-5 (EPUB)

缺頁或破損請寄回更換
歡迎光臨大雁出版基地官網 www.andbooks.com.tw 訂閱電子報並填寫回函卡

國家圖書館出版品預行編目資料
思考的法則：打造美好習慣的100個練習
理查・譚普勒（Richard Templar）／著　黃開／譯
---.二版.一 新北市；本事出版　：大雁文化發行，2023 年 12 月
面　；　公分. –
譯自：THE RULES OF THINKING
ISBN 978-626-7074-67-1（平裝）
1.CST:思考　2.CST:自我實現
176.4　　　　112015973